减税与经济发展

——国际视野下的中国制造业减税研究

白庆辉 著

中国财富出版社有限公司

图书在版编目（CIP）数据

减税与经济发展：国际视野下的中国制造业减税研究/白庆辉著. —北京：中国财富出版社有限公司，2021. 11

ISBN 978-7-5047-7575-7

Ⅰ. ①减…　Ⅱ. ①白…　Ⅲ. ①制造工业—减税—税收政策—研究—中国　Ⅳ. ①F426. 4②F812. 422

中国版本图书馆 CIP 数据核字（2021）第 227902 号

策划编辑	谷秀莉	**责任编辑**	邢有涛　郭怡君	**版权编辑**	李　洋
责任印制	尚立业	**责任校对**	孙丽丽	**责任发行**	杨　江

出版发行	中国财富出版社有限公司		
社　　址	北京市丰台区南四环西路 188 号 5 区 20 楼	**邮政编码**	100070
电　　话	010-52227588 转 2098（发行部）		010-52227588 转 321（总编室）
	010-52227566（24 小时读者服务）		010-52227588 转 305（质检部）
网　　址	http：//www. cfpress. com. cn	**排　　版**	宝蕾元
经　　销	新华书店	**印　　刷**	北京九州迅驰传媒文化有限公司
书　　号	ISBN 978-7-5047-7575-7/F·3377		
开　　本	710mm×1000mm　1/16	**版　　次**	2021 年 12 月第 1 版
印　　张	12. 5	**印　　次**	2021 年 12 月第 1 次印刷
字　　数	139 千字	**定　　价**	56. 00 元

本著作系教育部人文社会科学研究青年基金项目“中国降低制造业税负的路径选择：三类关键税费的作用机理与企业行为调查研究”（项目编号：17YJC790001）的结项成果。

前　言

制造业是一国的立国之本，我国拥有体量庞大的制造业。我国的发展路径证明，正是因为我国拥有强大的制造业，才弥补了我国错过第一次和第二次工业革命的短板，让我国这样一个 14 亿多人口的大国，真正实现了经济持续繁荣和民族伟大复兴。

2011—2012 年，在国家留学基金管理委员会“联合培养博士生”项目的资助下，我曾赴美国克莱姆森大学（Clemson University）学习和研究，有一位来自肯尼亚的合作伙伴常表情夸张地对我说：“Almost everything is made in China.”的确，当时美国沃尔玛超市里的商品绝大部分都是中国生产的。当然，随着近些年我国劳动力、土地等成本的不断攀升，以及不利的外部环境的影响，我国制造业正面临着前所未有的挑战。

制造业是如何“左右”一国经济兴衰的，国际上有不少经验和教训值得我国借鉴。特别是美国制造业的衰败，已广为人知，美国目前的很多经济问题就是由 20 世纪 80 年代后制造业大量外迁引发的。随着大量蓝领高薪岗位的流失，美国出现了诸多社会问题，“让制造业回归”成为美国总统竞选中“争夺”选民的口号。特朗普就是因为承诺让美国中部“锈带”州（铁锈地带）复兴才得到了中部制造业衰退州大量选民选票的。虽然美国的高科技产业和金融业十分发达，但这毕竟是培养精英阶层的，制造业才是承载大量高中毕业的白人男性和更多黑人男性的行业，是真正可以缓解社会矛盾的行业。制造业的长期外流，使其在美国经济稳定中的“压舱石”作用已然不存在。

如果说制造业对于美国经济拥有“压舱石”般的作用，那么制造业对于我国的意义则更为重大，可谓我国经济健康发展的“底座”。我国多年来的发展证明，只有依赖制造业而不是房地产、金融这些热门行业，经济增长才能行驶在“健康”的轨道上，国家才能真正实现经济繁荣。制造业对于一国经济健康增长的重要性，从德国、日本两个国家也能得到佐证。世界金融危机发生后，美国希望摆脱对金融和虚拟经济的依赖，希望能“脱虚向实”，构建健康经济结构，但一直没能成功。而德国、日本两个以制造业立国的强国，不但受到世界金融危机的影响很小，而且其国内经济展现出了强劲的韧性。这表明，如果一国能制造其他国家不可或缺的产品，即使资源贫瘠、国土狭小，也可以基于制造业形成强大的国家竞争力。因此，一国制造业水平如何，从根本上反映了其国家能力，制造业不但是一国所有行业之“母”，而且是一国的财富源泉。

我一直专注于税收领域，致力于从税收视角研究一国制造业竞争力的影响因素。近些年我国加大了制造业减税力度，税收如何影响我国制造业的竞争力，是值得探讨的问题。本人有幸在2017年得到教育部人文社会科学研究青年基金项目（中国降低制造业税负的路径选择：三类关键税费的作用机理与企业行为调查研究。项目编号17YJC790001）的资助，这激励我将研究方向聚焦于增值税、企业所得税和社会保障税这三项税费对于制造业企业的影响。在调研过程中，我深切地感受到我国制造业的强大活力，也明白了我国制造业面临的现实困难。

本著作的整体思路和框架如下：

第一章，盘点了减税的相关理论，通过分析一些理论观点，研究减税拉动经济增长的理论依据是什么，既盘点了减税相关的主流理论与争议，也分析了世界经济一体化背景下减税引发国际税收竞争的特性。

第二章，梳理了一些国家减税和增税的经验与教训，意在从正、反两个方面去分析为何有的国家减税而有的国家增税。其实，无论是减税还是增税，或者说税制变革，都是为兼顾经济发展的短期目标和长期目标而做出的调整。

第三章，总结了我国历史上税制的演进规律，尽管当代和古代的产业和税收构成完全不同，但同是在中国这片土地上发生的税制改革，其政策制定理念和目标仍有趋同之处，因此，我国历史上税制的演进规律，仍具有参考价值。

第四章，详细分析中国制造业的减税实践，包括增值税改革、企业所得税改革和制造业细分行业税制改革等，这部分内容在本书中占据了很大篇幅，在盘点我国增值税和企业所得税政策脉络的基础上，选取我国制造业28个细分行业，对其增值税和企业所得税的税负变化轨迹进行研究，着重关注重大变化节点，并对宏观形势、行业政策和税收政策进行剖析，意在明晰影响各细分行业“两税”收入变化的税收政策因素。

第五章，是一份与课题相关的调研报告——针对深圳、东莞地区电子企业相关税费与企业行为的调研报告，调研报告是问卷调查、个别企业访谈和人工成本调研三部分内容的汇总，本调研报告虽较为简练，但调研过程合规合矩，调研结论基于调研数据得出，基本实现了预期的调研目标。

白庆辉

2021 年 10 月

目　录

第一章　减税的相关理论

一、减税相关理论概述

（一）凯恩斯主义

第二次世界大战后，世界经济增长陷入困境，很大原因是战争的破坏导致民间投资严重不足。在此背景下，以英国经济学家凯恩斯为代表的一批经济学家，提出通过增加政府开支来拉动经济增长等的理论，这一理论被称为凯恩斯主义。凯恩斯主义的主要观点之一是，政府应当直接投资一些项目来扩大社会需求，政府的角色就如同企业一样，是一个投资主体。政府投资确实可以立竿见影地拉动经济增长，大量政府订单让企业的机器轰隆隆运转起来。

到了20世纪70年代，一些西方发达国家的经济陷入“滞胀”（停滞性通货膨胀）状态，凯恩斯主义的缺陷才逐渐暴露。凯恩斯主义的效果之所以很难维持，主要是因为政府投资的效率很低。尽管政府将大量订单交给私营企业去做，但政府本身是一个利益主体和决策主体，而且政府在做决策时有时专业性不够，因此通过增加政府开支拉动经济增长的模式具有很大的局限性。政府投资主要是投向短期内难以产生回报的基础设施项目，在基础设施不足的国家和地区，这在初始阶段对经济增长可以起到巨大的拉动作用，我国过去几十年的经济增长也可以佐证这一点。这也是我国推行“一带一路”倡议的原因，“一带一路”沿线国家大多为发展中国家，其目前面临的问题就好比我国改革开放之初面临的问题，基础设施的严重不足成为制约这些国家经济发展的瓶颈，因此向这些国家输出我国规模庞大的基建产能，帮助这些国家修建基础设施项目，确实可以实现合作“双赢”。

但对于基础设施已经较为完善、经济发展水平较高的国家来说，由增加政府开支推动经济增长的模式则很难再起作用，这时需要将政府投资转向民生福利领域，应该通过政策引导民间需求和民间投资拉动经济增长。因为此时政府投资的边际效益已经剧减甚至为负，这从大量的研究中都可以得到证明。此时，如果继续通过政府投资拉动经济增长，尽管投资本身可以创造大量的短期需求，让经济出现短暂的繁荣，但这仅仅是一种“非理性繁荣”，因为这种投资最终可能成为“无效投资”，即投资项目本身在未来并不能取得应有的补偿或回报，投资项目变成对资源的巨大浪费。政府投资并不像民间投资那样重视回报，民间投资主体由于风险一般由自身承担，投资失败的后果极为严重，因此投资前会充分调研，慎之又慎，在整个投资过程中民间投资主体都会将投资回报率作为投资决策的核心依据。

从经济发展阶段的角度来说，凯恩斯主义可能仅适用于基础设施不足的早期发展阶段，一旦经济增长到一定程度，经济增长的动力就需要转换，需要从以政府投资为驱动转向以民间投资和民间消费为驱动。这也是我国正面临的问题。我国长期奉行凯恩斯主义，建造了令世人瞩目的大量的先进基础设施，这为我国多年的经济高速增长奠定了基础，但在我国当前发展阶段，政府投资驱动经济增长的效能已然下降，我国亟待转向民间投资和民间消费拉动经济增长的模式。

从税收视角来看，如果按照凯恩斯主义的观点，应该是政府增加税收收入，然后政府将增加的税收收入用于投资以拉动经济增长，税收的基本政策是增税而不是减税。因此，凯恩斯主义和减税政策是基本对立的。税收是社会资源在政府和民间的分配，判断哪种税收政策更恰当，其标准是哪种税收政策对社会整体发展更有利。西方发达国家通常将重税政策与“大政府”相联系，所谓“大政府”，就是要承担更多的社会功能，更重视“公平”而不是“效率”，但这样势必会挤占民间资源的介入空间，打击民间投资的积极性。在美国，长期存在着“大政府”和“小政府”观点对立的情况，美国的政治选举也常常围绕此做文章。

（二）供给学派

供给学派是继凯恩斯主义之后在西方国家影响较大的经济学派。供给学派的很多观点和凯恩斯主义是对立的，而且供给学派的观点本身就是为解决凯恩斯主义带来的问题而提出的。“小政府”和减税是供给学派的基本观点，特别是减税，是供给学派的核心观点。

由于美国长期奉行凯恩斯主义，通过增税和宽松的货币政策来刺激经济，导致美国在 20 世纪 70 年代初出现了严重的“滞胀”问题，后来的“欧元之父”罗伯特·蒙代尔提出用减税来解决“滞胀”问题。罗伯特·蒙代尔也因此被称为供给学派的先驱。1971 年在意大利举行的一个经济学家会议上，罗伯特·蒙代尔认为，美国政府通过增税来抑制通货膨胀只会适得其反，因为政府在增税的同时，加大了货币供给，这才导致了经济危机。他主张通过紧缩货币政策和减税政策来解决当时的经济问题，认为减税会让企业扩大投资规模，从而加大产品供给，并雇用更多的工人，紧缩货币则可以让物价降低，抑制通货膨胀。而且，罗伯特·蒙代尔认为，减税政策实施后，政府的税收总额会增加而不是减少，但罗伯特·蒙代尔并没有对此进行理论证明。

经济学家阿瑟·拉弗是供给学派的另一个代表人物，他因为著名的“拉弗曲线”（见图 1 – 1）而闻名于世。“拉弗曲线”对税率和税收二者之间关系的描述通俗易懂，它给出了一个“最佳税率”的概念，指出只有在最佳税率上才能达到税收的最高点。也就是说，税率并非越高越好，当税率超过某个点后，税收不但不会增加，反而会下降，因为税收大体是“计税依据”和税率的乘积，当税率超过某个点后，因税率提高而增加的税收，不能弥补因“计税依据”减少而减少的税收。“计税依据”之所以会减少，是因为税率的提高挫伤了投资者的积极性。

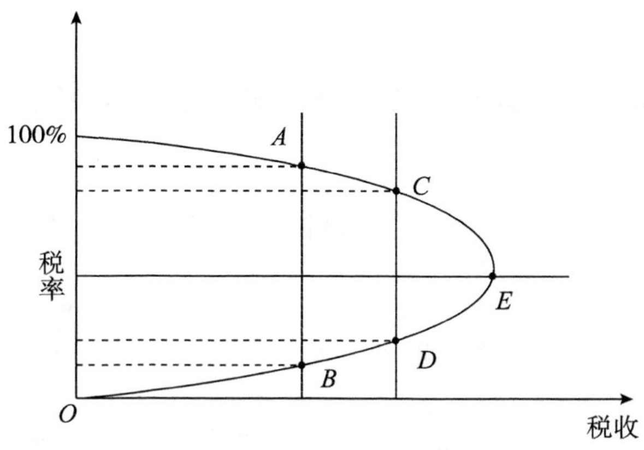

图 1-1　拉弗曲线

“拉弗曲线”虽然广为流传，但因为过于简单，被认为理论上不够严谨，因此有人并不认为它是供给学派的理论基础，而是将“费尔德斯坦曲线”视作供给学派真正的理论基础。“费尔德斯坦曲线”是由哈佛大学的马丁·费尔德斯坦教授提出的。马丁·费尔德斯坦的基本观点为，减税可以作为一项提振经济的政策，但其作用不应该被高估，只有与相关的财政政策、税收结构、社会保障等政策配套实施时，它才能真正发挥作用。马丁·费尔德斯坦反对全面、大规模减税方案，认为减税应当循序渐进，否则会让财政赤字扩大。由于马丁·费尔德斯坦较为中性，不像阿瑟·拉弗的观点那样激进，因此其主张也被称为“补充性税收政策”，其属于“中间供给学派”。而阿瑟·拉弗过度强调减税的效用，将减税视为增加政府收入和抑制通货膨胀的“替代性税收政策”。

（三）凯恩斯主义和供给学派减税政策的传导路径

凯恩斯主义和供给学派减税政策的传导路径如图 1－2 所示。

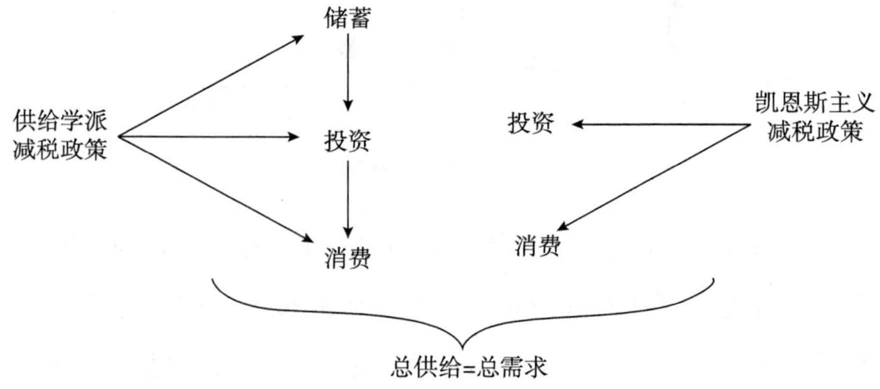

图 1－2　凯恩斯主义和供给学派减税政策的传导路径

凯恩斯主义的减税政策，从投资和消费两个角度出发，强调减税通过影响投资需求和消费需求来拉动经济，其视角在需求侧一方。凯恩斯主义所指的投资拉动，往往是指投资项目建设阶段基于强大的建设需求对经济产生的拉动作用，而对于项目建成后能否为社会提供需要的产品或服务，则往往考虑不足。而供给学派的减税政策，更多地强调激发投资者的创业精神，通过市场手段实现生产规模的扩大和生产效率的提升，具体路线为：降低个人所得税可以扩大消费和增加储蓄，储蓄增加则可以投资更多资金；降低公司所得税可以鼓励企业继续投资生产，进而给市场更多信心。因此，凯恩斯主义和供给学派的减税政策，在消费方面差异或许不大，但在投资方面却有着根本差异，因为供给学派减税而新生的项目完全是市场行为，其对经济的拉动作用往往不但体现在投资项目的建设期，而且体现在项目建成后为社会提供所需商品或服务的运作期。凯恩斯主义由于主张投资由政府主导，因此缺乏有效的监管，且存在信息不对称的问题，凯恩斯主义下的投资项目，建成后提供的产品或服务可能并非社会所需，所以投资的价值是否可以实现，相比民间投资存在更大的不确定性，且因为过于看重短期的经济拉动作用，导致政府投资常常成为无效投资。因此，按照供给学派的减税理论，减税不仅不会造成税收减少，还会带来投资增加的效果，使税收出现“自偿”（所谓“自偿”就是通过自身运作便可以自然回收投资成本并赚取一定利润）效果。基于此逻辑，供给学派倡导的减税，确实形成了“收入不减”且“拉动经济”的双重效果。

二、混合所有制经济和减税效果

（一）混合所有制经济

所谓混合所有制经济，是我国目前极力推行的经济组织形式，从国家层面来看，其有国有经济和私有经济分别发挥自身优势而产生的“1 +1 >2”的综合效果。从宏观角度来讲，混合所有制经济的目标是充分发挥政府在调控经济和分配收入方面的作用，除了政策调控外，引导国家资本参与到经济运行过程中，也是国家对经济调控的一种方式，而且更有利于达到宏观调控的目标。从微观角度来讲，混合所有制经济有利于充分发挥政府对资源的支配性和私有经济的市场灵活性，某些经济资源如果完全由政府主导，虽然可以充分照顾到公平，但在效率提升上容易陷入瓶颈，而如果完全由私有经济主导，私有经济则常常狭隘地定位于“利润最大化”目标而忽视社会责任，这很容易让国家整体经济走上过分重视效率而忽视公平的道路。

混合所有制经济的理论最早由凯恩斯提出，凯恩斯在他的著作中对“混合经济”的思想进行了阐述，萨缪尔森则对该理论进行了更为全面、系统的阐述。从整体上来看，我们可以把完全的私有经济视作完全市场竞争的“价格经济”，将完全垄断的经济称为完全不受市场影响的“垄断经济”，而混合所有制经济就是介于二者之间的一种不充分竞争的经济组织形式。

税收对于混合所有制经济的影响如何，需要根据税种特点进行具体分析：对于具有税负转嫁特征的间接税来说，如果对其进行的减税不能通过价格完全转嫁，则会让税负提升；在混合所有制经济下对直接税进行减税，则其效果与在完全的市场经济下的效果相差不大。

（二）最优税制问题

税收效率和损失一直是一对矛盾，其中最根本的问题就是最优税制问题。从税收效率和损失选择曲线图（见图 1 – 3）可以看到，该坐标轴横轴为“收入不平等程度”，纵轴为“效率损失”，S_1 和 S_2 为两条无差异曲线，“收入不平等程度”与“效率损失”显然成反比关系，当效率损失更小时，收入不平等程度就会更严重。基于效率损失和收入不平等程度的选择曲线，其与无差异曲线 S_2 相交的 E 点便为最优税制选择点。

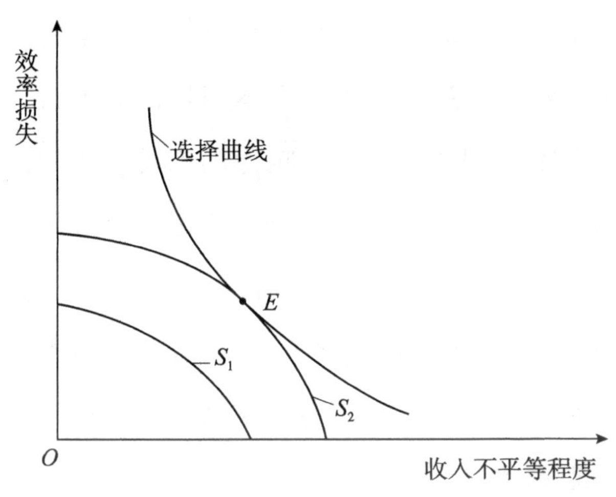

图 1－3　税收效率和损失选择曲线

因此，从总体上来看，在税制选择上，如果更加注重收入的公平则必将丧失效率，这是因为在财富的创造上有一个内在的激励机制，为了激励财富创造，必然不能对其施以过高的税负，否则将打击其创造财富的积极性，但为了财富的合理分配，以及从促进产品生产和消费平衡角度来讲，需要强调收入的公平。税制设计其实总是在二者之间进行调整的。

（三）税制结构与减税

1. 世界各国减税的趋势

在世界经济一体化的背景下，为了吸引投资和提高本国经济竞争力，减税并不是一国的事情，税收竞争一直都是国际关注的重点问题。如果一国希望通过减税来提升本国经济竞争力，吸引更多投资，不仅会影响本国利益，也会影响他国利益。比如，在特朗普政府推出“税改”法案后，英国、法国、德国、西班牙、意大利等国就联名致信美国，表达了对美国“税改”的关切。因此，减税的影响其实和汇率变化的影响是类似的，一国减税会引发其他国家竞相减税，特别是对于产业结构类似的国家来说，这是因为减税对各国企业竞争力的影响都很大，各国不得不随之减税以应对。因此，在美国开启减税“闸门”后，其他国家都竞相效仿。

减税应该从哪些税收种类（简称“税种”）着手呢？比如，我国目前有十几个税种，包括流转税、所得税、财产税等类别。从税种结构上看，我国与西方发达国家差异甚大。作为发展中国家，流转税在我国税收总收入中占的比例甚高，而西方发达国家大多以所得税为主，特别是个人所得税。在西方发达国家，社会保障税是一个重要的税种，社会保障税其实类似我国的“五险一金”，尽管目前我国的“五险一金”还是以“费”的形式存在。

“特朗普税改”事实上在世界范围内引发了一轮减税浪潮，各国的减税主要通过降低企业所得税税率进行。比如，在欧洲国家，英国在财政预算报告中表示将从 2017 年起将企业所得税税率从 20% 降至 19%，并在 2020 年降至 18%；法国在 2017 年政府财政预算案中承诺，到 2020 年会逐步将所有企业的所得税税率从 33.33% 降至 28%；比利时将税率从 33% 降至 2018 年的 29%，2020 年再将其降至 25%；卢森堡将税率从 2018 年的 26.01% 降至 2020 年的 24.94%；挪威政府 2019 年宣布将企业所得税税率从 23% 降至 22%；瑞典在 2019 年将税率从 22% 降低至 21.4%。从非欧洲国家来看，阿根廷在 2018 年将税率从 35% 降至 30%，并在当时计划进一步将税率降至 25% 等。

可以注意到，很多国家将减税的重点放在了企业所得税上税率，这是值得思考的。之所以降低企业所得税税率，是因为其对提高企业竞争力来说效果是最为明显的。根据经济学家费尔德斯坦的观点，减税不应把重点放在个人所得税上，而是要放在企业所得税和资本利得税上，因为对这两个税种减税，对经济扩张的刺激作用才最为直接和有效。虽然美国“特朗普税改”不仅大幅降低了企业所得税税率，也大幅降低了个人所得税税率，但对于美国这个“消费型经济体”来说，个人所得税税率的降低可以直接刺激国民消费，它对经济增长的拉动作用十分明显，而降低企业所得税税率对经济的拉动作用则是间接的，因为降低企业所得税税率对企业来说少缴的那部分税额，只有企业将其重新投入生产才能实现经济拉动作用。

2. 税制结构对减税的影响

各国对企业所得税减税引发了一个问题，就是税制结构问题。税制结构是一个国家中不同税种收入占总体税收收入的比例，这个比例不但体现了一国的经济结构和经济发展水平，而且会对一国的减税空间造成影响，很难想象，对一个所占比例很小的税种进行减税能取得实质意义。因此，税制结构对减税效果的作用是基础性的。

可以从更广阔的视野来看待税制结构问题，就是比较发达国家和发展中国家税制结构的差异，针对这种差异，进一步分析发展程度不同的国家应当采用何种减税政策。图 1 – 4 是 2017 年 OECD[①] 成员国税制结构，基本代表了发达国家税制结构的现状。图 1 – 5 是 2017 年发展中国家税制结构。比较发达国家和发展中国家的税制结构，可以发现，货物劳务税在发展中国家占的比例很高，总体上超过了一半，其次是企业所得税所占比例也较高。而发达国家占比最高的虽然也是货物劳务税，但总体看只占 1/3 左右，社会保障税和个人所得税所占比例也很高，企业所得税的占比相较于发展中国家则比较低。

因此，如果以税种所占比例为对象，挑选三个减税空间大的税种，那发达国家是货物劳务税、社会保障税和个人所得税，而发展中国家是货物劳务税、企业所得税和个人所得税。货物劳务税其实

---

① 注：经济合作与发展组织（Organization for Economic Co – operation and Development，OECD），简称经合组织。

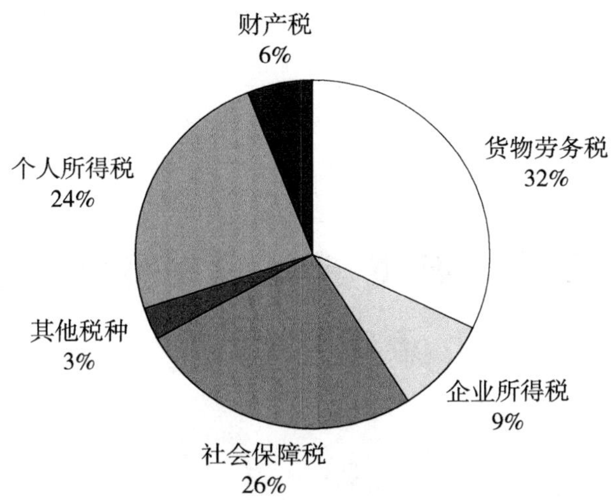

图 1－4　2017 年 OECD 成员国税制结构

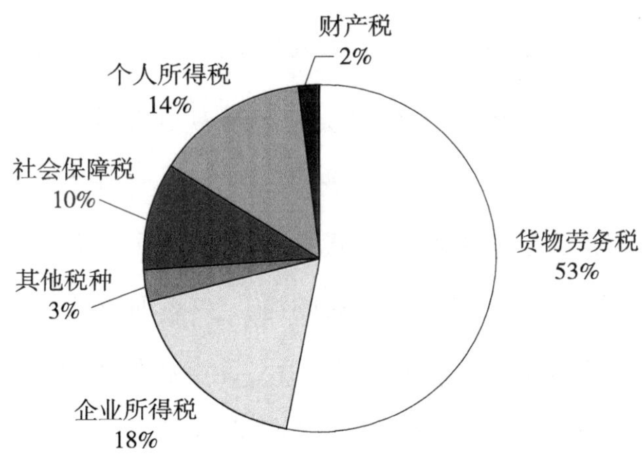

图 1－5　2017 年发展中国家税制结构

反映的是商品、服务价格的高低，企业所得税和个人所得税分别反映的是企业和个人的生产和消费能力，它们都会从不同方面影响整个社会的消费能力。

第二章　典型国家税制变革中的减税与增税

提及通过减税来刺激经济，人们通常会想到美国，似乎其他国家都不采用减税的手段来刺激经济。大家之所以关注美国，主要是因为美国是世界上最发达的市场经济国家，美国是一个自由开放的经济体，而且美国历史上曾经多次通过减税政策来刺激经济，美国的学术界对此的研究也是世界领先的。因此，美国减税政策效果如何，无论是从经验借鉴来看还是从学术研究来看都是很有价值的。

在美国以减税政策刺激经济的同时，一些国家却提出增税政策，特别是针对增值税这个间接税。比如，日本和俄罗斯，日本不断调高其消费税税率，而俄罗斯则不断调高其增值税税率。一些国家虽然没有明确减税或增税目标，但在税制变革中也涉及减税，比如，加拿大和新西兰。但无论是减税还是增税，其最终目标均是推动经济增长。下面分别对典型国家的税制变革，特别是变革中实施的减税与增税政策，以及实施后的最终效果进行探讨。

一、美国

（一）里根减税

第二次世界大战以后，美国曾经有四次大规模的减税，其中尤以里根减税对战后美国经济的走向影响最大，而其理论依据就是供给经济学。里根减税的背景是，美国在进入 20 世纪 70 年代中期后，经济的“滞胀”情况愈加严重，如表 2－1 所示，美国经济在 1982 年跌至谷底，甚至出现了－1.9%的负增长，同时伴随着高失业率和高通货膨胀率。民众对政府推行的凯恩斯主义经济政策产生怀疑，各路经济学派纷纷为美国经济“开药方”，供给学派最终脱颖而出。里根在上任伊始就把减税作为拯救美国经济的“药方”，他对高税率会对经济产生不良影响深有个人体会，据说当他还是演员的时候，他每年拍四部电影后就会因为高边际税率而不愿意再工作，他认为所得税的高边际税率会挫伤人们工作的积极性。因此，里根对供给学派提倡的减税策略极为支持。

在里根的支持下，美国政府进行了大刀阔斧的减税改革，减税力度一度达到了总税收的 30%左右。美国税收以个人所得税和企业所得税为主。在里根的两个任期中，其在第一个任期的减税政策主要是削减税率，同时大幅缩减企业厂房、设备的折旧年限；其在第二个任期的减税政策是全面税改，提高个人所得税免征额，个人所得税由14个税级调整为15%、25%、35%共3个税级；公司所得税税率从46%降为33%。在实施减税政策后的几年内，美国经济的确发生了变化，1983年起，美国经济开始回升，到里根第二个任期，美国经济增长率已经稳定在3%以上，失业率和通货膨胀率指标也变好。有经济学家认为，一直延续到克林顿时期的经济繁荣，都应归因于里根时期的减税政策。对此，学术界有不同的观点，认为里根任内后期的经济繁荣受经济周期和新电子技术革命的影响更大，而不是由于减税。事实上，在减税的同时，里根还在不断扩大包括军事项目等在内的政府支出，这致使在里根任期内美国国债达到2万多亿美元，里根在减税的同时，实际上从未放弃凯恩斯主义，而由于政府的大规模支出，已经无法判断减税政策是否存在“自偿”效果。

表2-1 1979—1989年美国宏观经济数据

类别 年度	实际GDP增长率（%）	失业率（%）	通货膨胀率（%）	私人储蓄环比增长率（%）	私人投资环比增长率（%）
1979	3.20	5.8	8.26	9.00	9.12
1980	-0.20	7.1	9.02	7.31	-3.91
1981	2.60	7.6	9.34	15.10	17.96
1982	-1.90	9.7	6.20	1.2	-13.23
1983	4.60	9.6	3.95	6.3	12.30
1984	7.30	7.5	3.55	13.7	32.35
1985	4.20	7.2	3.20	-1.2	-3.26
1986	3.50	7.0	2.02	0.63	2.53
1987	3.50	6.2	2.55	-1.03	6.08
1988	4.20	5.5	3.50	13.38	6.80

续　表

类别 / 年度	实际 GDP 增长率（%）	失业率（%）	通货膨胀率（%）	私人储蓄环比增长率（%）	私人投资环比增长率（%）
1989	3.70	5.3	3.89	3.73	3.23

数据来源：根据复旦大学国际关系研究数据库、美国《总统经济报告》（1991 年）计算整理。

（二）小布什减税

2001—2003 年，小布什政府实施了三次减税举措，主要针对的是个人所得税、遗产税和企业所得税。在个人所得税方面，增加一档最低税率（10%），提高第一档收入上限，将最高税率由 39.6% 调为 35%。此外，提高了子女税收抵扣额度；鼓励夫妇联合申报。在遗产税方面，提高遗产税免征额度，除此之外，还降低遗产税税率。在企业所得税方面，加大企业研发部门税收抵免、设备购置折旧抵扣力度，加速小企业折旧，延长了多项税收优惠期限。

（三）特朗普减税

特朗普减税是美国政府最近的一次减税。特朗普政府的减税力度很大，主要针对企业所得税、个人所得税和遗产税展开。在企业所得税方面，企业所得税税率从 35% 降低到 21%。在个人所得税方面，单身人士的标准扣除额由 6300 美元提高到 12200 美元；已婚联合申报的标准扣除额为 24400 美元；户主申报标准扣除额由 12600

美元提高到18000美元。对于遗产税，特朗普一开始试图废除遗产税的征收法律，但未能如愿，最终将遗产税的免征额提高。特朗普的减税改革，与美国历次总统的减税相比，力度是很大的。

（四）对美国减税的评价

1. 减税的思路

企业和个人是减税的主体，对企业减税，可以让企业有更多的资金投入研发或扩大企业生产规模，如果通过企业所得税减税而增加的利润没有用到企业本身，而是进行了利润分配，则很难达到减税的预期目标。个人减税则比较复杂，个人减税涉及社会资源分配、控制贫富差距等问题，个人减税涉及三个环节，分别是初次分配环节的个人所得税减税、财产持有环节的财产税减税和个人去世后的遗产税减税。这三个环节的税收调节，会影响个人的储蓄、投资和其他经济行为，因此需要认真分析。在美国，个人的财产税主要是房产税，这是一种地方税收，是地方收入的主要来源，减税空间有限，因此，个人减税有发挥空间的主要是联邦政府可以操作的个人所得税和遗产税，对个人所得征税其实打击的是个人劳动创造财富的积极性，对遗产或赠予征税其实打击的是个人积累财富的积极性，相反，对二者进行减税则能促使个人努力创造财富和积累财富，美国减税的动机便来自于此。

2. 减税的效果

美国的减税政策是一项长期政策，第二次世界大战以后，美国多次实行减税政策，但是减税就像给经济“注入”了“吗啡”，只能在一时刺激经济增长，其负面影响和后果却具有长期性。第一，尽管美国的减税政策常常设置“落日条款”，即减税只是一时的经济刺激政策，到一定时期后就会恢复原有税收政策，而且主要是以政府的财政状况为出发点的，但历次减税仍然让美国财政不堪重负，截至 2021 年 4 月，美国的国债已经超过 28 万亿美元，高出美国 GDP 约 30%，受到新冠肺炎疫情和拜登政府“大基建”政策的影响，美国的财政状况可能会进一步恶化。美国国债总量的不断增加，最终威胁的是美元的世界货币地位。第二，减税虽然让美国经济出现了一时的繁荣，但每次减税的实惠往往只有富人得到，特别是收入排名前 1% 的人群，广大中产阶级和下层民众得到的实惠很少，这就造成经济繁荣和贫富差距拉大的“悖论”，越是减税，贫富差距越大，这让美国的基尼系数不断攀升。由此看来，减税似乎仅是解决经济一时问题的政策，却不是能解决经济问题的根本性政策。近年来，美国国内出现“大政府”和“小政府”观点对立的情况，其实正是美国经济矛盾长期积累的结果。

二、日本

（一）消费税增税背景

日本是世界第三大经济体，其很多科学技术在世界上均处于领先地位，但日本在20世纪90年代初的经济泡沫破灭后，其经济长期在低谷区徘徊。日本的很多大企业为了保持自身竞争力和转移汇率带来的压力，纷纷实施“走出去”策略，把大部分产能向发展中国家特别是中国转移。日本国内的制造业仅保留了核心零部件的研发和制造。尽管日本通过这一策略保持了自身企业的国际竞争力和品牌影响力，但也在一定程度上冲击了日本国内经济，使日本国内制造业部分出现“空心化”状态。

由于经济长期低迷，日本企业享誉世界的管理经验“终身雇佣制”和“年功序列制”均受到了一定程度的影响。特别是“终身雇佣制”，这是日本企业的一个特色管理经验，但由于经济低迷，企业不得不辞退一些员工。为了节约成本，企业也不敢再招聘长期员工，而是采取短期临时招聘的方式来解决用工不足问题，这固然对企业经营有利，但对日本国民心态产生了很大影响。

由于地震频发等，日本是一个危机意识相当强的国家。在经济上经历了由繁荣到泡沫破灭的巨大变化后，经济的长期不景气使日本人的消费心理从积极变为消极，日本人开始普遍不愿意生育，导致日本社会老龄化和少子化问题日益严重。日本人口在2011年开始下降，据日本政府2018年版《老龄社会白皮书》，截至2017年10月日本65岁及以上的老年人口达到3515万人，占总人口的比例约为27.7%。有专家预测，到2025年，日本社会的老龄化率将超过30%。

老龄化的后果就是国民福利和社会保障的负担不断加重，但是财政收入又不足以支撑这种开支，因此政府不得不靠持续发行国债来填补财政赤字缺口，这使日本国债总额是其GDP的近3倍，日本成为发达国家中国债总额与GDP比率最高的国家。根据2019财年的数据，日本税收收入仅能满足日本财政支出的约2/3，其余约1/3的财政支出日本必须靠发行国债来解决。日本问题的最根本原因是日本在20世纪90年代初经济泡沫破灭后税收收入下降，巨大的经济变化使人们产生悲观的心理预期，因此日本陷入了经济增长率下降、出生人口下降、消费下降的恶性循环。

（二）"安倍经济学"的铺垫

2012年年底安倍晋三再次成为日本首相，其上台后加速实施了一系列刺激经济的政策，为了改变日本经济恶性循环的紧缩状态，其期待用"安倍经济学"改变日本人的心理预期，拉动日本经济增长。日本经济增长停滞的本质是人们的心理预期和消费心态造成日本物价指数长期处于通货紧缩状态，为了改变这种状态，安倍晋三"射"出了他的"三支箭"，他希望通过大大增强流动性，让日本的通货膨胀率达到2%，随着企业商品售价的提高和利润的改善，企业也必然会提高员工的薪酬待遇，这便会刺激消费，进一步促使企业扩大再生产并提高员工工资。安倍晋三的举措如同将石子投向了一潭死水，打破了水面的平静，激起了涟漪。日本经济确实迎来了第二次世界大战后的另一个经济繁荣周期。

根据日本政府发布的数据，从2012年到2018年，日本全年经济增长率实现了连续7年的增长。2018年日本平均失业率约为2.4%，2019年8月日本的失业率更是降低到了2.2%。“安倍经济学”中的一个重要环节就是增加国家税收，随着经济的改善，日本不但计税基数增大了，而且期待通过提高税率特别是提高消费税税率来增加国家总体税收收入，以改善入不敷出的财政状况。

（三）提高消费税税率

日本也是通过消费拉动经济增长的发达国家，因此，消费税改革对于日本国民经济来说具有非常大的影响。日本于1989年开征消费税，税率为3%。1997年日本第一次提高消费税税率（5%）。总体来看，OECD国家中，日本的消费税税率较低，且税收收入占GDP的比例也低于OECD国家平均值，这说明日本的消费税税率有一定的提高空间。

但是，考虑到日本国民脆弱、敏感的消费心理，日本政府在消费税增税上表现得十分慎重。在2012年安倍晋三上台前，前任政府已经制定了将消费税税率分别于2014年和2015年提升到8%和10%

的方案。安倍晋三上台以后，随着经济的不断好转，日本如期在2014年将消费税税率从5%提升到8%。而对于将消费税税率由8%提升到10%，日本政府两次推迟先前的计划，以免打击刚刚有所起色的日本经济。2019年，日本政府将消费税税率从8%提升到10%，并且将因提高消费税税率而多得的那部分消费税收入专门用于改善幼儿教育和高等教育等。

（四）消费税增税的影响及评价

先看日本政府对消费税增税采取的对冲措施：非现金支付积分返还制度，返还金额高达5%，对于购房和购车支出则实施暂时的减税政策，同时为低收入家庭发放消费券、商品券等。

再看消费税增税对家庭消费的影响：2019年10月为日本消费税税率提升后的第一个月，统计数据显示，日本两人以上家庭平均消费支出同比下降5.1%，下降幅度很大，当然这与当时的台风灾害不无关系。2019年11月，日本两人以上家庭平均消费支出同比下降2%，说明消费者的消费情绪略有好转。日本在2019年因消费税增税增加的收入约为7000亿日元，且预计以后消费税年增收额为5.6万亿日元左右，看起来这会让日本每年新增国债规模大幅减小，但是，实际上受新冠肺炎疫情的影响，日本国债发行规模不减反增。

从消费税增税对“安倍经济学”的影响来看，“安倍经济学”是一套系统性政策，其根本目标是让日本的通货膨胀率降到2%的目标，激活日本经济增长的良性循环机制，消费税税率提升在其中可谓一个重要环节，因为消费税最终要计入商品价格，这会推动物价上涨进而让日本经济温和复苏。但很显然，日本2019年10月核心CPI（消费者物价指数）同比仅增长0.4%，与预期目标相去甚远。

三、俄罗斯

（一）增值税增税背景

俄罗斯由于长期受到西方国家制裁，因此其经济增长率常年维持在较低水平。在2012年普京的第三个任期开始后，俄罗斯提出了多项经济目标，均是围绕经济增长和保障民生展开的，俄罗斯希望通过改革提高经济增长率，并且大幅降低失业率，同时减少国内的贫苦人口数量。但由于俄罗斯货币卢布大幅贬值，俄罗斯近些年的通货膨胀率较高，2015年俄罗斯的通货膨胀率达到12%以上，俄罗斯希望到2019年能将通货膨胀率降低至5%，到2020年能进一步降低至俄罗斯央行设定的4%的目标值（事实上据俄联邦统计局数据，俄罗斯2020年的通货膨胀率为4.9%）。俄罗斯财政部门估计，仅靠提高增值税税率很难实现降低俄罗斯通货膨胀率的目标。

（二）增值税增税过程

俄罗斯是实行增值税单一税率的国家，1992 年开征，当时的税率为 28%。1993 年俄罗斯为了刺激国内经济复苏，将增值税税率大幅降低至 20%，2004 年又进一步将增值税税率降低至 18%。2019 年 1 月 1 日，俄罗斯将增值税税率由 18% 提升到 20%，这是俄罗斯第三次调整增值税税率。俄罗斯前两次调整增值税税率使增值税税率相较于最初的 28% 降低了 10 个百分点，到了 18%，尽管 2019 年俄罗斯将增值税税率提高两个点的增幅并不高，而且基础食品、个人使用的医药产品、期刊和儿童货物等民生产品项目仍旧维持了 10% 的优惠税率，但是因为 18% 的增值税税率保持了十几年，已经成为企业成本管理和投资预期的重要影响因素，因此这次增值税增税对俄罗斯经济的影响仍然十分大。

（三）增值税增税的影响

尽管俄罗斯增值税增税不涉及民生产品项目，但由于增税，短期内通货膨胀率大幅提升，基于物价的传导机制，对居民的民生消费带来较大影响。增值税的特点也让其很容易将上涨的税负转嫁给消费者，从而导致消费者降低消费欲望。由于增值税增税改变了企业投资预期，因此对生产周期长的行业，如汽车制造业、建筑业等造成很大冲击。增值税增税让燃料价格和汽车价格均上涨，打击了俄罗斯的汽车行业。建筑行业则由于材料成本上涨，造成房价上涨，从而进一步打击了俄罗斯的房地产业。因此，俄罗斯在2019年上半年经济增速只有0.7%，大大低于预期。从对通货膨胀率的影响来看，俄罗斯的通货膨胀率维持在较高水平，增值税增税显然对俄罗斯通货膨胀率也造成了负面影响。

建筑、房地产、汽车等下游产业等受增值税增税打击最大，不但是因为这些行业生产周期较长，规避增值税增税的能力较差，而且是因为这些行业间有密切的联系，比如，建筑行业的建筑材料成本上涨，会导致房地产价格上涨；钢材价格的上涨，会让俄罗斯的汽车价格随之上涨；燃料价格上涨的影响则更为全面，几乎会推动所有行业价格上涨。俄罗斯增值税增税改革如果能辅以其他政策手段，则会减轻对该国经济的冲击。比如，针对汽车、房地产、建筑企业进行某种程度的退税，或者是给予购买汽车和房地产的消费者一定补贴。总之，利用多种政策手段，可以将增值税税率提升对经济增长的冲击影响降到最低，甚至可以进一步激发经济增长的活力。

四、加拿大

加拿大是一个联邦制国家，全国分为10个省（州）和3个地区，不同省和地区拥有不同程度的自治权，个别省和地区拥有很大的自治权。加拿大的主要税种由个人所得税、企业所得税、增值税、社会保障税等构成。根据2016年的数据，主要税收种类中，个人所得税是加拿大的第一大税种，占税收总收入的36%左右；增值税为第二大税种，占税收总收入的23%左右；第三大税种为社会保障税，占税收总收入的15%左右；企业所得税约占加拿大税收总收入的10.5%。

由以上的税种体系结构，可以看出加拿大是一个以直接税为主、间接税为辅的国家。虽然如此，增值税作为主要的间接税，在加拿大的税收总收入中仍然占据着举足轻重的地位。虽然没有明确的减税目标，但加拿大增值税建立和发展的过程，其实也是伴随着减税而演进的。

（一）加拿大增值税的起源、建立和发展

1. 增值税起源于商品税

加拿大和美国一样，也是“自下而上”建构的国家，从18世纪中期开始，加拿大开始成为英国的殖民地，由于英国历史上曾因为征税权引发民众革命，所以英国对于加拿大征税权的确定十分在意。根据加拿大宪法，加拿大政府的征税权由联邦、省（州）和地区三级政府掌握，但三级政府的权力差异很大，联邦政府拥有征收新税种的权力，州政府仅有部分征税权，而地区政府除非授权否则没有权力征税。

加拿大增值税的前身是商品税，从最初英国在加拿大建立殖民地时便开始征收。加拿大联邦政府对一般的商品统一按照3%的税率

征税（其中，烟、酒按照10%的税率征税），后来商品税税率逐步提高到10%以上，到20世纪20年代，商品税被销售税替代，与同时代开征的个人所得税和企业所得税，共同构成联邦政府的主体税收，加拿大以直接税为主的税制雏形开始显现。在20世纪30年代的大萧条时期，由于财政吃紧，加拿大联邦政府提高了销售税税率，各省也开始征收销售税。

应该说，当时的销售税由于在销售环节征收，由消费者直接承担，征税思路是十分清晰的。从20世纪中期开始，加拿大开始针对制造业企业征收销售税，这使加拿大成为世界上最早对制造业企业征税的国家。此时的商品税不仅包括一般的销售税，还包括对制造业企业在生产环节征收的制造业销售税（在批发零售环节不征收），从征税环节看类似我国的消费税。但这个税种的弊端逐渐显现，因为它没能发挥“税收中性”的作用，不但不利于本国产品与从外国进口的产品竞争，而且导致了严重的重复征税问题。

2. 在联邦政府和州政府的博弈中“构建”了增值税

加拿大税制建设过程中，联邦政府和州政府对于征税权展开了博弈，在建立了协调统一的机制后，加拿大联邦政府和州政府对于税权和事权等进行了重新谈判，最后基本确定了联邦政府以所得税为主、州政府以商品税和财产税为主的格局。虽然如此，商品税仍然是联邦政府税收收入的重要来源，由于在征收上与州政府存在重合之处，需重新确立一个税种，以让联邦政府与州政府的商品税税收平衡分配，并最大限度地减轻企业税负。

进入20世纪80年代，由于经济不景气和联邦政府财政赤字攀升，建立一种综合性的商品与服务税，用以替代之前的商品税，成为联邦政府和州政府的共识，当时提出了“联合销售税”和“联邦商品与服务税”两种方案，最终“联邦商品与服务税”方案胜出。这个新出现的税种在1991年1月1日开始实施，虽然它的名称不是增值税，但由于它的税款征收也可以抵扣之前环节缴纳的税款，其本质实际就是增值税。

3. 加拿大增值税税制简介

加拿大的增值税体系包括加拿大联邦商品与服务税（GST）、省销售税（PST）和统一销售税（HST）。统一销售税是联邦商品与服务税和省销售税的“二合一”，联邦政府和州政府再按比例分配，这和我国增值税的征管体制类似，但统一销售税只在加拿大部分州实施。目前，加拿大实施统一销售税的州只有5个，其他州和地区仍旧延续了联邦商品与服务税和省销售税并行的征管体制。

因为每个人都会购买商品或服务，所以每个人都会成为增值税的纳税义务人。当然，也有特殊情况，就是加拿大原住民印第安人在印第安保护区内的经营行为是免税的。在纳税义务人的划分上，加拿大的增值税也分为一般纳税人和小规模纳税人，但一般只有营业额连续四个季度不超过3万加元的才能成为小规模纳税人，因此，对于小规模纳税人来说，每个季度末都需要核算当期连续四个季度的营业额是否超过了3万加元的标准。当然，即使没有达到这一标准，小规模纳税人也可以申请成为一般纳税人，这个规定和我国的规定是类似的。

从加拿大增值税税率来看，执行 GST 和 PST 的州，GST 均为 5%的税率，PST 的税率则不一样，一般为 5% ~ 10%，比如，萨斯喀彻温省 PST 税率为 5%，曼尼托巴省 PST 税率是 8%，魁北克省 PST 税率是 9.9%。执行 HST 的省，一般税率维持在 13% ~ 15%，比如，安大略省为 13%，爱德华王子岛省为 14%，新斯科舍省为 15%。

4. 双轨并行：加拿大增值税的特征

如果说加拿大增值税有什么特征，那就是双轨并行。加拿大既有中国“大一统”式的 HST 税制，也有自身独特的 GST 和 PST 并行税制。这充分体现了加拿大州政府权力很大的联邦制特征。

其实，加拿大从 2010 年开始一直在推进 GST 和 PST “两税合并”，但过程中受种种因素干扰，比如，不列颠哥伦比亚省从 2010 年开始征收了 3 年的 HST，但后来经全省公民投票取消，再次回归 GST + PST 的模式。

从全国视角来看，加拿大推进“两税合并”虽然对居民的税负没有太大影响，但会大大便利企业，因为“两税合并”对于营商环境的改善是有利的，具体体现在四个方面：①便利了企业退税；②小规模纳税人即使连续四个季度的营业额超过 3 万加元，由于优惠政策，也多了一种不成为一般纳税人的选择；③企业只需要和一个税务局打交道，节约了人力资源和时间成本；④联邦政府对于选择 HST 州的企业有一定的财政补贴。

（二）加拿大增值税改革和减税

加拿大税制改革经历了漫长的过程，最终形成了适合本国国情的增值税税制，总体来看，加拿大在增值税税制建立和发展过程中有以下启示：

1. 选举政治中常有减税承诺

加拿大作为世界著名的福利国家，其居民税负在世界上同样居于前列。所以，加拿大的增值税改革一直受到政治的影响，除了联邦政府和州政府的博弈外，竞选人在竞选中往往也会通过承诺降低税率来“讨好”选民，比如，据统计，2006 年，加拿大将联邦政府的 GST 税率从 6% 降低为 5%，这使得加拿大 2007 年的财政收入减少了 60 亿加元左右，给加拿大政府造成很大的财政压力。当然，也有反对减税的声音，因为增值税本身所具有的特性，使其税率的降低实际上对那些消费更多商品的富人有利，这会加剧社会的不公平。

2. 信用体系的建设是征管的基础

加拿大信用体系的建设是以个人信用为基础的。同时，对个人和企业的信用和隐私数据设有专门的法律予以保护，在加拿大，信用管理公司只有遵循严格的法律程序，才能将个人和企业的信用信息提供给使用者。而且，在加拿大，个人和企业的信用信息几乎涵盖各个社会领域，个人的纳税、购房、就业、商业交易等行为均以信用为基础。其中，纳税信息是核心的信用信息。虽然加拿大增值税设置了层层抵扣的相互牵制的体系，但并非没有漏洞可钻，只是加拿大公民对于纳税的荣誉感很强，偷逃税的代价也是企业和个人都无法承受的，因此，基于取之于民用之于民的税制理念，加之构建了全面的信用体系，加拿大鲜有偷逃税的大案发生。

3. 财政压力会影响税制建设和税负

世界各国公认的税制改革方向都是提高直接税比例，降低间接税比例。但加拿大增值税发展过程中，却有间接税比例提高的趋势，虽然增值税不是加拿大第一大税种，但其比例的提高也会影响整个税制结构。由于近些年加拿大联邦政府和州政府均存在一定程度的财政压力，因此提高增值税税率也就成了加拿大应对经济不景气的一种方式，比如，2016 年，新不伦瑞克省的 HST 税率就从 13% 提至 15%，这确实可以大大缓解政府的财政压力，但提高增值税税率对于一国税制结构的合理性也会造成影响。

五、新西兰

根据公开资料，截至 2019 年 3 月，全世界征收增值税的有 180 多个国家和地区，但绝大多数国家和地区征收的是传统型增值税，还有一种不同于传统型增值税的，被称为现代型增值税，征收现代型增值税的国家和地区，以新西兰为代表。现代型增值税本身的设计有利于降低企业的纳税成本。

（一）现代型增值税的基本特征

现代型增值税区别于传统型增值税的最大特点就是税率单一，传统型增值税一般有两档或两档以上的税率，而现代型增值税实行单一税率。从新西兰的实践来看，它是一种接近理想状态的增值税。

1986 年新西兰开始征收单一税率的增值税，在这之前，新西兰实行的是一种被称为“批发税”的税制，但并不成功，据统计，60%左右的税基没能纳入征税范围而白白浪费掉。新西兰在引入增值税时，为避免传统型增值税过于复杂的缺陷，希望能创建一种简单有效的增值税，所以便确立了三个原则：一是公平原则，即对所有纳税人一视同仁，较少考虑行业间的差异，而是通过其他措施补偿弱势行业和个人，兼顾效率和公平；二是尽可能便捷，相关法律条文明确、易懂，并设定了宽税基，很少有行业可以例外，这大大降低了纳税人的纳税操作成本；三是税收中性原则，由于几乎所有行业的税率都是一样的，几乎没有免税情况，因此干扰纳税人经营决策的情况比较少。

新西兰成功实施的现代型增值税制度，最大限度地减少了对纳税人经济活动的干扰，很好地兼顾了增值税的效率和公平，因此有人称新西兰现代型增值税为“完美的增值税”。

（二）传统型增值税的不足

法国在 1954 年成为全世界第一个征收增值税的国家，增值税基本解决了传统商品税重复征税的问题。随着时间的推移，传统型增值税在运行中逐渐暴露出诸多缺点，大量减免税项目和复杂的税率结构，导致不同的商品和项目抵扣的进项税额不一样，因此，重复征税和导致价格“扭曲”的问题仍然存在。例如，对于免税产品来说，由于其进项税额不能抵扣，便会产生重复征税问题。而现代型增值税对所有商品和劳务都征税，而且实行单一税率，这就保证了增值税抵扣链条的完整，使现代型增值税成为真正意义上的“增值”税。

传统型增值税的多重税率结构和大量减免税项目的存在，违背了“中性原则”“简单和效率原则”，也不符合社会分工不断细化、交易手段多样化的经济组织发展特征，使纳税人的遵从成本和税务机关的征管成本均大幅上升，而且由于相关税法的复杂性，企业不得不投入大量的人力和财力“周旋”于税法遵从与税收筹划，这对企业的正常运营造成较大影响。更为严重的是，税率差异、抵扣链条不完整等缺陷影响了企业的生产效率，也影响了企业的投资决策。

（三）现代型增值税的优势

现代型增值税的一大优势是可以降低纳税人遵从成本，并且随着企业经营规模的不断扩大，其具有递减性。新西兰在实施现代型增值税五年后（1991 年），曾经对纳税人遵从成本进行调查，调查数据显示，纳税人遵从成本占其营业额的比例随着其营业额的提高而递减；一个独立的调查机构在 2004 年实施的一项调查中，同样证实了现代型增值税遵从成本具有递减性。这说明，现代型增值税对于企业做大做强有很大助益。虽然相比大中型企业，现代型增值税对小企业可能略有不利，但其仍较传统型增值税具有比较优势。

六、对各国税制改革的评价

1. 美国

从减税结果来看，美国虽然经历了数次减税，但这并没有减轻美国的贫富差距，美国的基尼系数仍然很高，减税的收益主要被少数人得到，其原因在于，美国减税的本质就是为了推动企业投资，企业所得税的减少，企业投资规模的扩大，企业利润的提升，最终会让企业投资者的财富增加。另外，越是金融市场发达的国家，减税可能造成的贫富差距就越大，对于低收入者来说，减税可能只会让其生活得更为充裕，而对于中高收入者来说，减税后其增加的收入可以投入资本市场，其因减税而增加的收入，会从工薪收入转化为可以增值的资产性收入。美国的金融市场十分发达且成熟，而且美国金融市场的投资以机构投资者为主，投资的风险整体较低。金融市场的成熟与发达，也是美国贫富差距拉大的原因之一。

2. **日本**

日本的金融市场也较发达，但日本的贫富差距并不大，在OECD发达国家中，日本的基尼系数是很低的。这是因为，日本的工薪性收入较为均衡，而且，日本合理的遗产税和赠与税也对减轻贫富差距有很大的作用。日本对消费税进行增税，是希望通过扩大家庭消费拉动经济增长，但日本却忽略了另一面，就是对企业所得税进行减税也可以达成这个目标。日本原计划在2018年将企业所得税税率降低至29.74%，后来又计划降至25%左右，但在OECD成员国中日本仍是企业所得税税率很高的国家之一。

3. **俄罗斯**

俄罗斯的增值税改革似乎缺乏统一规划，而且其增值税改革与其政策目标的关联度缺乏长期性，其政策制定意在短期内达成目标，而不是基于当时经济的特点制定阶段性政策，从而分步达到预期的最终政策目标。俄罗斯的增值税改革主要运用了调整税率这个单一的政策工具，虽然调整税率是增值税改革的主要政策工具，但从调整税率角度改革增值税，缺乏弹性。尽管俄罗斯税率结构较为简单，通过税率调控措施更有利于发挥增值税的税收中性作用，但是如果仅对增值税税率进行调节，而不针对政策目标制定相关配套政策，会导致税率调节对企业的影响十分“刚性”，最终导致难以实现针对特定产业制定的政策目标。

4. 加拿大

加拿大的增值税是由商品税发展而来的，前期基础较好，加拿大增值税在建立过程中虽然受到联邦政府和州政府两级政府的利益博弈和选举体制的影响，但最终在博弈中达到平衡。特别是在 HST 的推进过程中，加拿大充分考虑了州政府的意愿，采用步步推进的方式，既加强了联邦政府的权威，也减少了社会成本。但是仍有一些州没有实施 HST，这给跨州贸易的纳税人带来了诸多不便，也由此引发了贸易发生地的确认问题。推进“两税合并”，是联邦政府的目标，联邦政府期待 HST 的优越性被各州发现并认可，期待 HST 早日“一统天下”并稳固地确定下来。加拿大的增值税改革，在税率的协调上其本身就蕴含着减税目标。

5. 新西兰

新西兰现代型增值税税制的实施效果受到其他因素的影响，如一国经济的发展阶段、产业结构、税收结构和福利体系等。因此，现代型增值税体系构建是一个系统工程，而不是单方面的增值税改革。税收制度建立的主要目的是提升生产效率，现代型增值税税制也不例外。新西兰现代型增值税税制建立过程中虽然没有明确减税目标，但从现代型增值税的自身特点来看，它本身就是为了发挥税收中性和减轻企业税负作用的。

第三章　中国历史上的税制演进

一、研究中国税制演进的意义

研究我国的减税政策，有必要对我国历史上的税制有所了解。尽管工商业时代的税制体系与以农业经济为主的封建时期的税制体系有巨大差异，但税制的演进除了受经济环境影响外，还受历史传承、民族性格、文化心理等因素的影响。因此，研究中国历史上的税制及其演进情况，有助于剖析具有中国特色的税制体系特征，也更容易理解在内外部环境变化的背景下我国一系列减税政策的心理基础。

在封建专制社会，征税的目的和现代社会有着本质区别，现代社会的征税目的是国家为公民提供各种产品和服务，而封建社会征税是为了满足少数特权阶级统治的需要，基于此，中国封建社会的税制具有明显的剥削性和掠夺性特征。中国几千年封建社会中，由于民众对税制没有丝毫决定权，税制演进的首要因素并非征税方法的演进，而是不同时期税负水平的高低，如果深究中国历史上治乱循环的动因，税负因素其实是人地矛盾、自然灾害外的另一重要因素。研究中国税制演进，由古鉴今，对于坚持以人为本的发展理念，无疑有巨大的借鉴意义。

二、中国历史上的税制演进

中国历史上的税制变革，是在朝代更迭的基础上发生的，大体可分为以下六个阶段：

（一）先秦时期的“井田制”和“初税亩”

儒家的开创者孔子倡导“轻徭薄赋”，按照负担能力征税，而道家的开创者老子认为税负本身就是一种掠夺。

西周广泛实施的“井田制”，其基础是土地国有制度，“井田制”按土地面积大小征税而不考虑土地的质量。但到了春秋时期，齐国的管仲对此进行了改革，将土地按照质量好坏分成不同等级，根据土地等级征税，这是一个巨大的进步，因为这一改革让纳税人的税负更为公平。

“初税亩”是春秋时期鲁国实行的一种按亩征税的田赋制度。“初税亩”改革的原因是“私田”越来越多，于是当时的统治者便将“私田”也纳入征税范围，这不仅是对从商代便开始实行的“井田制”的巨大冲击，也是由田租向田赋转型的一次历史性跨越。秦国的商鞅变法正式废除了土地国有制度和“井田制”，土地产权得到保护，商鞅变法允许土地私有和自由买卖，但粮食必须由国家控制，禁止自由买卖。同时，秦国实行重农抑商的政策，商人的税负很重，且商人必须高价向国家购买粮食。

（二）秦汉时期租、赋、役并举的税制

秦朝建立了租、赋、役并举的税收体系。租是指田租，秦朝的田租之重达到了空前绝后的程度，田地出产的2/3都要上缴给国家，也就是说税率达到了约67%；口赋就是人头税，记载为“二十倍于古”；役就是徭役，历史记载，其徭役“三十倍于古”，秦国当时人口只有约2000万人，但有约300万人被征调修建各种工程。徭役繁重就没有时间生产，因而当时人们的生活也就失去了保障。

汉朝基本延续了秦朝的这套税收体系，但税率大为降低。汉朝增加了“户赋”，这是因为汉朝实行的是分封制，分封了大量的王侯，封地内的每户每年要向王侯缴纳“户赋”，这是一个新增的税项。“役”分为兵役和力役，统称徭役，可以花钱雇人替自己服役，这相比秦代是一个进步。汉朝的田赋很低，汉初税率为1/15，汉景帝之后固定为1/30；汉朝的人头税分为口赋、算赋和更赋，口赋是对7~14岁的未成年人征收的，算赋是对15~26岁的人征收的，更赋是力役的一种，无论男女都要服徭役。总体来看，汉代前期的税负较秦朝减轻很多，特别是田赋税率，已经远远低于夏商周时期，这让人民的负担大为减轻。

汉仍然实行重农抑商的政策，不但打压商人，贬低其社会地位，而且征收的工商业税种很多。汉武帝时期甚至鼓励告发商人，告发者可以分得商人的一半财产，令当时的商人人人自危，商人经商积极性大大降低，导致社会物资短缺、物价飞涨，最终朝廷不得不取消相关政策。重农抑商的政策对我国工商业的发展造成了很大的阻碍。

（三）王莽改制的倒退和魏晋税制的创新

新朝建立后，实施了历史上有名的王莽改制。王莽改制的主要内容是：在土地税收政策上，以“王田制”为名，恢复“井田制”，但这显然不符合当时土地兼并的“国情”，因此“王田制”实施没多长时间便废除了；在工商业方面，对盐、铁、酒、币制、山林川泽均实施“国有化”政策，禁止民间经营，并大力打压民间工商业，对商人征收重税等；其他方面。王莽改制是税制的大倒退，虽然王莽改制的初衷很“理想化”，但无论是农民还是商人，其实际税负都比西汉前期重得多，因此王莽改制失败也是必然的。

三国时期，曹操实施了著名的“租调制”，即改变过去按照收成比例征税的方式，将田赋由“定率征收”改为“定额征收”，规定田租为每亩 4 升，每户棉两斤、绢两匹。将汉代的按照人头征收的口赋、算赋改为按户征收的“户调”，人口增加不再征税，“户调”按照家庭财产分为“九等”，根据财产多寡征收，称为“九品相通制”。“九品相通制”和“租调制”都是在考虑纳税人能力的基础上确定的税负，这是中国历史上第一次将纳税能力和税负挂钩，可谓一次重大的税制创新。

西晋统一中国后，实行了“占田制”，规定男子可以占田 70 亩，女子可以占田 30 亩。西晋延续了三国时期的“九品相通制”，即“户调”按照财产多寡征收，不仅如此，还将“九品相通制”引用到田租的征收上，这样让田租和“户调”的征收更为公平。西晋之后中国南北陷入分裂状态，南方的东晋和南朝前期基本延续了西晋税制，后期废除了“九品相通制”，改为按丁口征税。北朝则实施了“新租调制”，将田地分为露田和桑田，露田会被收回，桑田则可以作为世业被继承，北朝也将“户调”改成了按人头征收，这其实是历史的倒退。西晋时期，由于“九品相通制”在更大范围内使用，税负比三国时更轻，从税制的发展来看，是向着更为公平、合理的税收方向迈进，但西晋之后，无论是南方的东晋还是北朝，都恢复了人头税，这在税制上其实是一种倒退。

（四）隋唐时期的“租庸调制”和“两税法”

隋统一中国后，基本延续了北朝时期的“新租调制”，唐建立后，又将“新租调制”改为“租庸调制”。“租庸调制”相比“新租调制”，把“庸”加了进来，主要的改变是，租、庸、调之间可以互相替代，这让纳税方式更为灵活。租、庸、调三者的打通，一方面，三者需要按一定比例进行核算，这实质上让税负实现了一定程度上的“货币化”；另一方面，这非常有利于行业分工，发挥不同纳税人的优势，擅长种田的可以多种田，擅长织布的可以多织布，擅长经商的可以多经商等。由此可见，魏晋时期的税制创新是基于纳税能力的创新，隋唐时期的税制创新是基于纳税方式的创新。

唐中期，安史之乱造成生产力的巨大破坏，当时的宰相杨炎提出了“两税法”①，相较“租庸调制”，其最大的特点是“量出为入”，即按照全国财政的支出规模确定全国税额。由于战争造成人口流动，因此对纳税人按照“现居原则”征税，即一律在居住地登记户籍，根据财产的多寡进行征税，丁钱和徭役并入其中，纳税人不再单独缴纳或服从，而是由政府花钱雇人从事徭役，“两税法”相比“租庸调制”进一步加强了税负的货币化。

（五）宋元时期“方田均税法”和“包税制”

宋在税制上并没有大的创新，基本延续了前朝制度。在赋税制度上，基本延续了唐朝的“两税法”，但具体内容有很大差异，唐朝主要是按照财产多寡征税，而且涵盖了丁钱和徭役，宋的赋税制度却不涵盖丁钱和徭役。宋中期以后，工商税逐渐占据主导地位，在宋神宗年间，工商税收入更是达到了税收总体收入的约70%。在宋朝，土地兼并现象严重，王安石变法中的“方田均税法”就是针对这一情况提出的，但最终被废除。

到了元代，由于元代统治者实施民族压迫政策，统治者对中原

---

① 这种税法因税负分夏季和秋季两次征收，故被称为“两税法”。

的税制体系也不熟悉，因此实施了“包税制”政策，即将全国的某项税收打包出售给个人，田税常常承包给当地的土豪大户。工商税也同样实施“包税制”政策，比如，据记载，某年以100万两白银将全国的盐税出售给某回鹘商人，将全国的葡萄酒税以60万两白银出售给某色目人，将燕京地区某年的酒税以5万两白银出售给某汉人。

（六）明清时期的“一条鞭法”和“摊丁入亩”

明朝放弃了元代的“包税制”，对于户籍和田籍重新进行了整顿，通过设置里甲制度、粮长制度，并建立“赋役黄册”和“鱼鳞图册”，加强了对田地和人口的管控，控制了税基的源头。明前期，税负不重时，新制度效果很好。但随着腐败横行，苛捐杂税百出，农民逐渐不堪重负。明万历时期，张居正推行了“一条鞭法”。“一条鞭法”在征税方法上部分效仿了“两税法”，其内容主要是在清丈全国土地的基础上，将力役和与土地有关的税收并入田赋，统一按田亩核算，分夏、秋两季征收；力役不得无偿征调，而是由政府购买；废除粮长、里甲制度，税款征收由地方官员负责。“一条鞭法”缓解了明末期的社会矛盾，对维持社会稳定有一定意义。

清朝遵循了明万历年间的赋税制度，承袭明朝的“一条鞭法”。清康熙时期编制了《简明赋役全书》，以让民众知悉国家税收制度，也有利于防止地方官员徇私舞弊。随着土地兼并现象的严重，逃亡人口增多，由于“一条鞭法”无法解决这些问题，清康熙末期，试点了“摊丁入亩”政策，在雍正时期“摊丁入亩”政策正式在全国推行，“摊丁入亩”政策规定对新增人口将不再征税，这事实上取消了延续几千年的“人头税”。“摊丁入亩”政策，不但让清朝税收收入大幅提升，而且使人口实现了快速增长，出现了“康乾盛世”。清末期，为了筹措镇压太平天国运动的军费，清政府开征“厘税”，引起民怨。不仅如此，清政府为了偿还战争赔款，还失去了对关税和盐税的自主权。

三、税收性质的变迁

（一）从封建王朝的敛财工具到增进国民福祉的方式

在人类的早期阶段，人们以氏族部落的方式生活，国家尚未形成，而税收是与国家相伴而生的，因此当时便不存在税收。在封建社会，最高统治者会把一定的土地和民众分给王公贵族，他们从拥有的土地上攫取财富，税收逐渐成为统治者剥削民众的手段。因此，在封建社会，税收问题往往是统治者和被统治者矛盾的焦点。

以明清为例，在明朝的早期，明朝的创建者朱元璋出身于社会底层，其十分关心百姓疾苦，主张“轻徭薄赋”，所以百姓的税收负担比较轻。但同时规定，皇室宗亲的土地免税。这种不公平的税制让社会生产的公平机制被打破，土地兼并之风愈演愈烈，到明朝中后期，山西省甚至一半的土地都在皇室宗亲名下，这些免税耕地实际上变相加重了农民的负担，致使全国约 1/8 的人口变成流民。明万历皇帝后来又征收了榷税，进一步激化了社会矛盾，虽然张居正通过“一条鞭法”解决了部分问题，缓解了部分矛盾，但最终也“无力回天”。

在我国历史上，清朝的税制算是比较成功的，特别是清早期的税收政策。清康熙帝承诺“盛世滋丁，永不加赋”，雍正帝则全面实施了“摊丁入亩”的政策，这些税收政策是“康乾盛世”的基础。清中后期，特别是太平天国运动爆发后，临时加征“厘税”，但在民间起义被“扑灭”后，临时加征的“厘税”并未被取消，致使百姓怨声载道。清廷由于不断战败，关税便成为战争赔款的“担保”，也逐渐成为主要税种，但是民众并未得到税收的益处。税收权力的不能自主、百姓税收负担的加重，这些都加速了清朝灭亡。

随着封建制度被推翻，税收性质也发生了根本改变，它从封建王朝的敛财工具变为增进国民福祉的方式。这是因为支撑税收的政治基础已经发生了根本性改变，税收的目的不再是满足封建统治阶级的需求，而是增进民众福祉。这种转变也就意味着税收不能再如封建时期那样似乎只增不减，它需要根据民众的需求做出相应改变，必须考虑纳税人的负担能力，这也是减税政策实施的重要制度条件。

（二）从“无理由”征收到强调公平与正义

进入现代社会，征税标准和内容不再由特定的一部分人决定，而是社会公众共同参与的重大事件，所以“税感”成为衡量税负合理与否的重要标准。

在封建时代，征税是“无理由”的，只要统治者愿意，无论反对的声音多响都无济于事。以明万历年间征收的“榷税”为例，这个税种的征收一般认为源于万历皇帝的贪婪，因为“榷税”的征收主要是为了满足皇家的开销。明朝皇室奢靡之风盛行，据记载，皇室的厨役近万人，仅万历皇帝一人一年的膳食费用就约30万两白银。“榷税”的征收遭到了朝臣的反对，内阁首辅沈一贯甚至上疏批评万历皇帝“视财太重，视人太轻；取财太详，任人太略”，但明万历皇帝仍旧我行我素，根本就不听取反对意见。

现代国家税制建设中，公平和正义应当是其基本指导思想和核心理念。这不但体现在税收取之于民用之于民方面，而且体现在税法立法和执行保证纳税主体间的公平正义方面。澳大利亚发生的矿工抗税事件或可说明这一点。20世纪90年代，澳大利亚的卡尔古利发现了金矿，矿工也随之跻身新富阶层，随着矿工们财富的增多，他们感到税负压力增大，于是他们便联合起来“购买”了某专业公司提供的“避税”方案，这些“避税”方案在现实中也被广泛使用，但1998年澳大利亚税务局宣布这些避税手段都是“非法”的，要求相关纳税人补税，而且对他们有巨额的罚款和罚息，这引发了超过42万纳税人的“罢税”抗议。抗议者认为，澳大利亚税务局用行政手段宣布这些“避税”方案不合法前，应该明白这些“避税”方案已经“正常运作”很多年了。最终结果是澳大利亚税务局不得不妥协，免除了巨额罚款和罚息，并允许“欠缴”的税款在几年内分期补缴。

澳大利亚的矿工抗税事件说明，尽管税务机关对税法有着最终的解释权，并且拥有绝对的执法权力，但是当税法的实施与现实中的公平和正义的目标相抵触时，其也不得不做出让步。

（三）从“分割”社会财富到“参与”市场调节

在进入工业文明之前，人类社会长期处于农业文明时代，税源是有限的，国家主要是从土地、盐等资源上获取税收，而且当时税收的作用仅仅是“分割”社会财富，当时的统治阶层将劳动人民创造的财富分割出一部分来供自己享用，只不过分割的比例在不同朝代的不同时期有所不同，税收本身在当时并不能起到调节经济的作用。

工业革命以后，社会化分工不断加强，创造财富的主体之一——企业兴起，土地税收在社会总体财富中所占的比例不断下降，甚至很多国家取消了土地税收。在税收的主体转向工业生产、商业交换和相关服务后，税收变得复杂起来，税收的作用也更加丰富，税收不再仅仅起到分配社会财富的作用，也有了更重要的作用——参与市场调节。

具体来说，就是国家可以通过调节企业所得税，进而影响企业生产和创造财富的积极性；可以通过调节个人所得税，进而影响个人参与生产的积极性；可以通过调节印花税，进而影响市场证券交易频率；可以通过调节财产税，进而影响人们持有财产的积极性；可以通过调节消费税，进而影响人们消费商品的积极性。总之，税收在当代是一个重要的政策工具，建立符合一国国情的、科学合理的税制，对一国经济的健康发展至关重要。

作为调节经济的手段，不同税种的地位是不一样的。所得税作为与企业投资和个人消费密切相关的税种，在调节经济中其地位高居榜首。因此，一国为了刺激本国经济而减税，往往主要从所得税入手。减税的目的是鼓励投资、促进消费，进而拉动经济增长，增进民众福祉。当然，如果减税政策不合理，反而可能会造成贫富差距拉大。其实，从西方国家特别是美国多年的减税政策来看，减税带来的效果往往是短期的，长期来看反而会拉大贫富差距，这在西方国家特别是美国似乎成了一个“魔咒”，减税的最终结果反而是加重不公平的程度，减税更像是通过解决小问题而制造了大问题。这也是研究科学减税的必要性。

第四章　中国制造业的减税实践

一、制造业为何重要

1. 亚当·斯密如何认识制造业

亚当·斯密的《国富论》被认为是经济学的开山之作，亚当·斯密也被认为是古典经济学派的创始人。在《国富论》一书中，为了强调制造业的重要作用，亚当·斯密将制造业和非制造业的关系比喻成“主人”和“仆役”的关系。因此，长期以来，一些经济学者认为亚当·斯密对非制造业存在某种偏见。这就好比我国历史上的“重农抑商”，当时的统治者认为商业并没有创造价值，但实际上商业因为有利于推动资源优化配置，也是生产到消费环节不可或缺的，其创造财富的能力绝不可被抹杀。

根据传统经济增长的理论，人力和资本的组合可以创造财富，后来技术这个因素又加了进来。根据经济学家索洛的研究，经济增长接近90%都是由技术进步创造的，由此可见，经济增长的首要推动因素就是技术进步。

需要注意的是，制造业和非制造业部门的生产率增长情况是不一样的，比如，据统计，美国在 1972—1996 年，制造业平均劳动生产率增长速度比非制造业快两倍左右，这种非均衡的增长导致美国“去工业化”后制造业岗位转移到非制造业美国人的人均收入明显下降。此外，一般来说，国际贸易的 70% 以上都是商品贸易，服务贸易占的比例不足三成，这是因为很多服务都具有本地化特征，很难进行跨地域贸易，而且，在制造业岗位流失后，也很难有足够的服务业岗位填补制造业岗位流失造成的空缺。

2. “产业公地”理论

美国著名经济学家加里·皮萨诺教授在长期跟踪研究美国制造业的变迁后，提出了著名的“产业公地”理论。所谓“产业公地”，就是由各类技术、各项专业技能、各类商业配套构成的商业网络，它根植于供应商、劳动力、消费者、研发项目等配套要素。“产业公地”系统中的人流、物流、信息流不但让所有参与者受益，而且这套系统本身也能生长、迭代和质变，因为系统本身也具有学习和成长能力。“产业公地”一旦遭到“侵蚀”，不但会对现在的各类参与者造成影响，而且会影响未来产业的发展。具体而言，会从以下两个方面造成影响：

（1）“产业公地”决定了创新能力

“产业公地”是一个自我成长的信息提供者，它决定了研发和制造不可能是脱节的，比如，苹果手机，它在实验室里的“设计”即使再完美，但如果制造的工艺不能实现，这种“设计”也是没有价值的，因此一些企业将研发部门搬到生产基地是有道理的。美国产业发展的历史教训也能证明这一点。光伏电池是美国最先在实验室里发明的，但因为美国失去了电子产业，相关的基层技术也都流失了，因此虽然美国最先发明了光伏电池，但是美国制造能力没有跟上，也就丧失了光伏电池升级、迭代的机会，因此根本无法与亚洲的企业竞争。另外，目前是电动汽车迅速发展的时代，但美国生产电动汽车电池这个核心产品的技术能力却较低，这也是因为美国很多基础配套行业都流失了，从而导致美国电动汽车电池不但生产落后，而且研发落后。

（2）“产业公地”是经济增长平台

虽然不能将“产业公地”的概念等同于产业链，但产业链构成了“产业公地”的核心内容，在“产业公地”中，各个企业有着同进同退、荣辱与共的关系，其中当然有核心企业，如果核心企业竞争力下降，就意味着产业链上的其他企业会受到影响。比如，美国底特律的汽车产业在衰退后，造成相关的铸造和精密加工行业衰落。而如果产业链中的核心企业搬到其他地区，与核心企业相关的企业除非一起搬离，否则这些企业将很难生存下去。因此，“产业公地”构成了一个国家经济增长的平台，因为它涉及的不是几个企业，而是众多的配套企业。它是拉动一个国家经济增长的重要因素。“产业公地”如被“侵蚀”，将是很难逆转的，因为涉及众多企业搬离的问题，需要考虑到成本问题。事实上，一些国家的“产业公地”在众多企业流失后，虽然这些国家用尽了各种政策手段，但都很难再让企业回归。

3. 美国制造业流失的教训

（1）美国制造业流失的原因

从历史经验来看，制造业往往是左右一国兴衰的重要因素。众所周知的一个例证是，2008 年世界金融危机，影响最为轻微的国家是德国和日本，这与德国和日本这两个国家都以制造业立国且并未过度发展金融经济不无关系。

美国的制造业一直在萎缩，美国曾经制造业总产值世界第一，但在“去工业化”后，其制造业产值占 GDP 的比重逐渐下降，制造业岗位也相应减少，据统计，自 2000 年来，美国已经失去了 20% 的工厂岗位。这使美国举国上下都在讨论制造业萎缩对美国带来的影响，甚至总统竞选时都把振兴制造业作为竞选口号以吸引选民。美国制造业流失对美国的影响有多大呢？最重大的影响恐怕是使美国的社会财富分配产生了变化，一些受教育程度不高的底层美国人往往只能通过在制造行业工作实现阶层跃迁，但制造业岗位的流失，让高中学历的美国人收入大幅减少。

产业发展确实有其自身规律，当美国的人力成本过高时，资本为了维持一定的利润水平，会选择迁移到劳动力价格更低的地区。制造业的流失，使美国大量的岗位向服务业转移，但是对于低学历的美国人来说，服务业岗位创造的收入一般赶不上制造业岗位，这便意味着其收入的下降，进而导致低学历的美国人与受过大学教育的人收入差距拉大。另外，对美国整个国家来说，因为制造业的流出，美国不得不进口大量商品，据美国商务部数据，2021 年美国商品贸易逆差超过 1 万亿美元，而美国的服务贸易顺差只有 2300 多亿美元，这使美国外贸总体上长期处于逆差状态。逆差就意味着财富的转移，也就是说美国的大量财富流向了其他国家。

（2）美国对制造业的“拯救”

制造业的流失是否要进行政府干预？美国国内对此长期存在对立的两种观点：一种观点是反对政府干涉或“拯救”制造业，原因是经济发展自有其规律，美国制造业向劳动力成本更低的地区转移，符合经济发展的一般规律；另一种观点是政府应对制造业发展进行干预，原因就是前面谈及的制造业不同于其他行业的重要性。在讨论了十几年终于统一意见后，美国政府开始采取行动，美国政府的行动是将大量资源投入基础研究和应用研究项目，二者的投入一般是各占一半。

在具体行动方面，从 2014 年开始，在美国政府的支持下，针对先进制造领域的研究所相继成立，包括数字制造与设计创新研究所、轻质材料制造创新研究所、美国电力研究所、先进复合材料制造创新研究所、集成光子制造研究所、柔性混合电子制造研究所、先进功能性纤维研究所、清洁能源智能制造创新研究院、过程强化利用快速推进研究所、国家生物制药制造创新研究所、先进再生制造研究所、减少材料制造的能源和降低排放研究所、先进机器人制造创新研究所。①

---

① 翻译名称可能略有差异。

美国政府常指责他国对本国企业进行补贴，或政府主导投入高新技术行业，认为这不符合市场经济自由竞争的原则，然而，实际上美国政府一直都在主导重大基础性技术的研发，即使表面上看是企业在主导，其背后也有政府资金的支持，比如，现代电子计算机，就是在美国国防部支持下“诞生”的产品。在美国制造业岌岌可危的时候，美国政府投入大量资金，用以建立针对未来技术的各类研究所，可见美国对于“攻占”制造业制高点而作出的努力。

（3）税收手段扮演的角色

从联邦政府层面来说，美国在早期确实通过税收手段支持过某一行业的发展，但对于制造业的支持，美国的做法是加大资金投入，以及给予制造业非税收支持政策，因为美国的经济体制更加强调市场公平竞争，如果美国给予制造业特殊的税收优惠政策，那么可能会影响美国企业间的正常竞争。

虽然从联邦政府层面很难给予某一行业特殊的税收优惠政策，但美国各个州之间的所得税税率差异较大，这就相当于在国内起到了税收调节作用，可以使企业从税率较高的州流向税率较低的州。比如，美国得克萨斯州的企业所得税税率较低，而加利福尼亚州的企业所得税税率较高，这就使大量企业从加利福尼亚州迁往得克萨斯州。

二、中国增值税的改革

（一）增值税的本质

增值税是货物劳务税的一种，作为一种间接税，增值税的出现是为了规避传统商品税的重复征税问题，因此增值税税制设计的重要特征是“价外税”，即在形式上它并不构成产品成本的一部分，因此，从表面看增值税不能算作企业的“税负”。由于一般产品的生成需要很多企业合作，各个企业就像是一个长长链条上的不同环节，在链条上各个企业向它的供货方（即上游企业）购买材料、产品或服务，向它的需求方（即下游企业或消费者）销售材料、产品或服务，这些交易过程中都会涉及增值税，因此，增值税也常常被称为“链条税”。

增值税“价外税”和“链条税”的税制设计十分巧妙，采用了层层相扣、级级制衡的思想。从形式上看，增值税的税负总是由下游企业或消费者承担，比如，甲公司和上游企业乙公司交易时，不仅要支付货款或服务款，还要向乙公司支付该商品或服务的增值税税款（价税合计的情形也不例外），再由乙公司将这笔税款上缴给税务部门，在这个环节，增值税的纳税义务人是乙公司，但税负的承担者形式上是甲公司，如果此时甲公司破产了，这笔税款毫无疑问会由甲公司承担，但只要甲公司仍在经营，是有可能将这笔税负转嫁给下游企业（或最终消费者）的，转嫁的方法就是对商品价格进行调整，能否转嫁出去或转嫁的程度如何，则要看甲公司的产品竞争力和市场地位。甲公司在向下游企业丙公司销售产品或服务时，它的角色就转换为上游企业，它的下游企业丙公司就有义务将商品或服务的增值税税款交给甲公司，由甲公司上缴给税务机关，税务部门允许甲公司扣除它曾经支付给乙公司的增值税税款，再将二者差额上缴给税务部门。在这个过程中，甲公司向乙公司购买商品或服务缴纳的税款称为进项税，向丙公司销售商品或服务缴纳的税款称为销项税，二者的差额便称为增值税。增值税作为一种间接税，消费者成为税负的最终承担者。

由于增值税在生产、服务的每个环节都要征收，因此其税制设计的“税收中性”作用便十分重要。所谓“税收中性”，就是增值税的征收应避免对经营主体或消费者的行为造成负面影响，避免“扭曲”市场的正常竞争行为和资源的合理配置，但实际上这很难做到，因为在经营链条上各个环节的增值税税收风险是不同的。基于增值税的税制设计特征，如果各个企业的转嫁能力相当，那么在产业链条上越靠后的企业承担的增值税税负压力便越大。增值税作为一种间接税，具有“层层转嫁”的特征，这其实让增值税的缴纳成为产业链条上各个企业间“击鼓传花”般的游戏，如果其中某个企业不能完成将税负向下一个环节的转嫁行为，那么它其实将承担前面所有环节增值的税款，这种税制设计虽然有利于征收，但在税负公平负担上存在缺陷，因为越靠近产业链“终端”的企业其增值税负担就越重，如果不能将税负转嫁出去，企业的生存就会出现问题，所谓“供给侧结构性改革”和“去产能”的政策，其中也涉及增值税问题，因为卖不出去的产品被积压，会使得企业成为“最终消费者”，承担增值税带来的所有税负压力。

尽管增值税带来的税负最终一般由消费者承担，消费者前面经营链条上的各个环节似乎只是提前上缴最终由消费者承担的税负，但这种征收方式只是为了防止税款流失或者说是为了让税款均衡入库。因此，在企业利润表“税金及附加”一项中并未出现增值税明细。但“价外税”的设计并不意味着增值税实质上不构成企业的税负，如果真的不构成，企业便应该没有“税感”，对增值税的税率变化也就不会在意，那么通过降低增值税税率为企业减负的行为就无法解释了。

在市场交易中，经常是价、税合计，也就是没有把商品价格、服务价格和增值税分别列示。笔者在对深圳若干企业进行调研时发现，中小企业在市场交易中价、税合计是常见的处理方式，它们均会在交易价格中包含增值税“税点”（销售方开具增值税发票和不开具增值税发票的价格差别就是“税点”）。增值税税负的隐蔽性、转嫁性，使得它到底由谁来承担以及承担的比例如何，其实是由企业的市场地位和商品定价权决定的，有定价权的企业承担的税负往往会更低，甚至该企业可以将增值税完全转嫁出去。比如，苹果公司的手机产品，它有众多供应商，但苹果手机凭借其品牌的强势市场地位，让上游向其提供配件的供货商、为其加工产品的企业及下游的消费者均处于弱势地位。因此，苹果手机才能具有超高的毛利，以并不领先的市场占有率获取了智能手机行业很大部分的利润。因此，增值税的转嫁能力是决定企业承担税负高低的因素——强势企业可以通过价格调节将税负转嫁给上下游企业。

虽然强势企业可以将税负转嫁给上下游企业或消费者，但总体来看在供应链条上越靠后的企业增值税税负压力越重，因为这是前面交易环节“累积”的结果。基于这一特征，增值税的改革也应当充分考虑不同行业间的竞争力，以及基于增值税的特点造成的竞争地位的差异，因为在产业链中越靠后、越接近消费者的行业，面临的税负压力就越大。

（二）现代型增值税和传统型增值税

前面提及的现代型增值税，被认为是未来增值税改革的方向。现代型增值税区别于传统型增值税最主要的特征为单一税率，而且现代型增值税体制下很少实施优惠政策。现代型增值税大大降低了增值税的税收征管成本，而且让行业间的税负更为公平，长远来看对一国经济结构的健康是有利的。从税制设计的初衷来看，现代型增值税设计简单，适合产业类型单一的小型经济体。但是，尽管现代型增值税的单一税率可以让行业间的税负更为公平，其对经济结构复杂的大型经济体来说却不太适用，因为这一税制会降低国家通过增值税对行业发展进行调节的能力。

传统型增值税以多重税率作为主要特征，传统型增值税多重税率的税制结构导致行业间税负不公平，因此需要采取其他辅助政策，对不同行业的税负进行调节，以促进目标行业更快更好发展。所谓

"结构性减税",就是基于这种调节思路的,它只是针对部分行业而不是所有行业实施减税政策。学术界一般认为,以多重税率结构为主要特点的传统型增值税弊端很多,因此我国才把"税率简并"作为增值税改革的目标,但如果在一定时期内必须保留多重税率结构,则必须实施多种政策调节手段,从中会体现一国的税收治理能力。

(三)我国多重措施并举的增值税改革

中国的增值税改革起始于1979年,在商品生产领域全面开征增值税是1994年。在商品生产领域全面开征增值税的同时,我国还实施了"分税制",因此,1994年成为中国税制改革史上具有划时代意义的年份。中国的增值税改革总体而言是向税负降低和"税率简并"的方向前进的。而且,在不同的历史阶段,我国均基于增值税的特点实施了不同的政策,我国增值税改革充分体现了政策工具多重性的特征。在不同的历史时期,我国先后采用了生产型转消费型、"营改增""税率简并"和增量留抵退税等多重政策工具(见图4-1)。与其他国家相比,中国的增值税改革具有鲜明的本土特色。

1. 中国增值税改革的主要事件与目标

(1)增值税从"生产型"转为"消费型"

1994年开征的增值税是生产型增值税,即企业在购买机器设备等固定资产时支付的进项税,直接计入固定资产成本,和设备价款一样作为折旧计入企业费用核算,但不能像企业购买原材料支付的

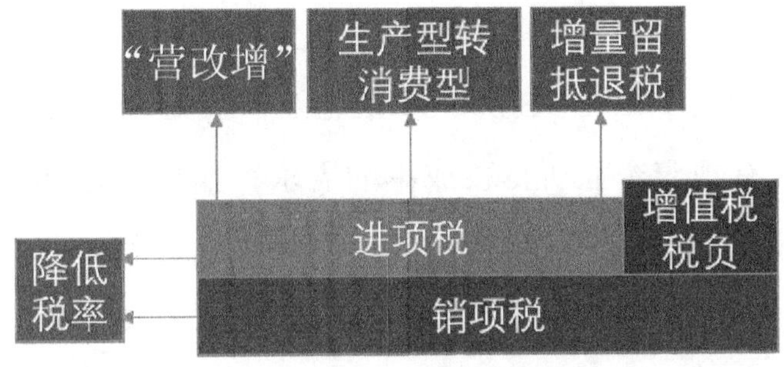

图4-1　我国增值税多重政策工具图

进项税那样当期便可以在缴纳销项税时抵扣。当期可以抵扣购进设备的进项税是消费型增值税的特点。

2004年，中国在东北三省率先开展生产型增值税向消费型增值税转型试点工作。东北三省是中国的老工业基地，分布着众多重型设备生产制造企业。根据当时的预期，生产型增值税向消费型增值税转型，可以大幅降低东北老工业基地企业更新设备成本，从而促进东北地区工业振兴。东北老工业基地的企业多为重工业企业，常年积累的增值税税负较重，这次转型确实减轻了这些企业的"包袱"。

一般来说，消费型增值税由于允许购进设备时支付的进项税当期便可抵扣，也就是企业销售产品需要缴纳的销项税在超过购买设备支付的进项税前，企业实际需要缴纳的增值税为零，可以让企业的营运资金更为充裕。但生产型增值税也有其优势，因为生产型增值税在计入设备的成本后，也会和设备本身一样通过折旧计入企业费用，这可以产生"税盾效应"，从而规避企业所得税。但是，生产型增值税的"税盾效应"也是有前提条件的，一是企业要有较强的持续经营能力，经营时间要能够"覆盖"设备的使用时间，让其顺利计提完折旧。如果设备尚未折旧完企业便破产了，那么设备的增值税也不能产生“税盾效应”。二是企业需要有较强的利润创造能力，让企业有规避企业所得税成本的需求，如果企业常年亏损，甚至亏损额超过了设备增值税每年转入费用中的金额，那么增值税的“税盾效应”也就不存在了。

（2）“营改增”

“营改增”，即营业税改征增值税，在 2016 年 5 月 1 日正式实施。“营改增”是中国增值税发展史上的一次重大变革，其意义超过了之前的生产型增值税向消费型增值税的转型。之所以说这次改革十分重要，是因为“营改增”让中国的增值税真正“覆盖”了全部产品、服务领域，改变了 1994 年增值税开征时仅仅限定于生产领域而服务领域征收营业税的“两税割裂”的情况。

“营改增”是一次战略意义上的税制变革，“营改增”后虽然部分行业税负略有提高，比如，建筑企业购进材料部分进项税不能抵扣，或金融业行业本身可抵扣项目较少，出现暂时的税负上升等，但从全国大多数行业来看，特别是从制造业来看，企业的税负明显降低了。降低制造业税负是中国“营改增”的重要成果之一。

“营改增”最大的意义是打通了服务业和制造业相互间的抵扣通道，让增值税的抵扣链条更为完整。之前开征的增值税仅限于生产制造领域，但生产制造领域的企业其交易对象并非只有生产制造企业，大量的现代服务企业其实是生产制造企业更为重要的合作对象，但在当时的情况下，生产制造企业接受现代服务企业的服务，其支付的进项税却不能被抵扣，因为这些企业只征收“营业税”，不具备开具增值税发票的资格。

（3）税率简并

我国自从 1994 年增值税全面开征后，增值税的一般纳税人便执行 17% 和 13% 两档税率。17% 的税率适用于一般业务，13% 的税率适用于与农业、民生、教育等相关的行业。小规模纳税人的征收率为 3% 。应该说，无论是一般纳税人的税率还是小规模纳税人的税率，在当时来说都是有竞争力的，并没有对我国经济增长造成阻碍，但随着国内外环境的变化，特别是随着中国劳动力成本和土地成本的提升，中国的制造业等行业都面临着很大的税负压力，通过降低增值税税率给企业减负，是让中国企业特别是中国的制造业企业保持竞争力的一种方式。尽管增值税是“价外税”，可以转嫁，但是增值税税率的降低，最终会影响商品价格，对于价格弹性较大的商品来说，税率降低带来的商品降价有利于企业提高商品销量，从而改善企业经济效益；而如果税率降低后商品价格不变，那增值税税率降低带来的收益还是主要会由企业获得。

在“税率简并”过程中，一般纳税人的增值税普通税率经历了从 17% 降到 16% 再降到 13% 的过程；一般纳税人的增值税低税率经历了从 13% 降到 11% 再降到 10% 直至现在 9% 的过程。当前，除了小规模纳税企业和部分免征增值税的一般纳税人外，中国形成了 13% 、9% 、6% 、0% 四档增值税税率。

（4）增量留抵退税

从 2019 年 4 月起，中国所有企业开始试行增量留抵退税政策，这是把在先进制造业企业实施的政策进一步在全国范围内推开。所谓“留抵退税”，就是把增值税期末未抵扣完的税额退还给纳税人。增值税实行链条抵扣机制，以纳税人当期销项税额抵扣进项税额后的余额为应纳税额。其中，销项税额是按照销售额和适用税率计算的增值税额；进项税额是购进原材料等所负担的增值税额。当进项税额大于销项税额时，未抵扣完的进项税额会形成留抵税额。为何是增量留抵退税而不是存量留抵退税呢？因为企业存量留抵的退税金额往往很大，从企业财务承受能力方面考虑，其暂时只能由企业慢慢消化，而且，不是任何企业都可以享受增量留抵退税，它还有一些条件限制，比如，将在纳税信用方面存在较大问题的企业排除在外。增量留抵退税是充分体现增值税自身特征的税收政策手段。

2. 对中国增值税改革的评价

中国的增值税改革，是基于增值税自身特征的，并结合了中国复杂的经济结构特征和我国发展中不断变化的经济情况，遵循了科学的理念和税制改革思路，在不同历史阶段推行的切合当时情形的增值税政策，取得了符合预期的较好的改革效果。

基于增值税自身特点和改革效果进行综合分析，我们可以得到以下启示：

（1）增值税改革对下游行业影响更大

增值税具有层层征收、环环转嫁的特征，使得越处于产业链后端的企业越处于不利地位。增值税改革对下游行业的影响更大，这些行业往往与消费者的联系更为密切，因为处于终端，所以税负转嫁压力很大。如果增值税税率提高，受波及最厉害的就是房地产业、汽车制造业等终端行业，因为这些行业是直接面向消费者的，受消费者消费需求敏感度的影响很大，上游企业将增值税税负转嫁给它们，它们只能通过提价再将其转嫁给消费者，但提价无疑会打击消费者消费的积极性，使得销售额下降，从而让这些行业背负上沉重的增值税压力。中国增值税改革的重要目标是为制造业减轻税负，无论是2004年东北三省将增值税从生产型转向消费型的试点改革还是2016年我国的“营改增”，以及最近几年持续降低增值税税率的行为，均是为了保持和提升中国制造业企业竞争力而作出的努力。

（2）多重政策工具“渐进式”实施

增值税改革一定要统筹规划，注重政策手段与政策目标的关联度，政策制定不是为实现短期目标，而是基于战略视角分步制定和实施阶段性政策，通过一系列政策的组合，分步达到长期政策目标。中国的增值税改革长期目标明确，而且基于不同时期经济特点制定有针对性的政策，这些制定适宜的阶段性政策，有利于达到预期的最终政策目标。首先，增值税从生产型向消费型转型，一开始在东北三省先行试点，然后再在我国中部省份扩大试点并最终推向全国，这不但体现了政策审慎，而且是基于战略思考制定的阶段性政策。其次，“营改增”改革也能体现战略性思考、阶段性实施的政策渐进式特征，它也是先在一些行业试点后才在2016年全面实施的。虽然有人认为全面实施“营改增”条件尚未完全成熟，但中国制造业的转型升级亟须服务业的支持，服务业也需要借助制造业升级，“营改增”打通了制造业和服务业相互间的抵扣通道，有利于我国制造业和服务业协调发展。最后，中国增值税税率持续下降也是在国内外经济形势低迷的背景下展开的，土地、劳动力成本的不断提升给制造业造成了压力，降税能为我国制造业发展提供支持。正因为中国增值税改革方向和目标都很明确，且“渐进式”实施相关政策，中国的增值税改革效果才十分显著。

（3）多重政策工具比单一政策工具效果更佳

一些国家的增值税改革，往往只采用调整税率这个政策工具，虽然调整税率可以作为增值税调控的主要政策工具，但调整税率是一项较为刚性的政策工具，多个政策协调配合才会取得最佳效果。一些国家采用单一税率，虽然各方面的成本很低，但通过调整增值税税率刺激经济发展的效果并不好。中国的增值税改革基于增值税自身特点，充分运用多重政策手段，调整税率仅是手段之一，而且我国通过降低税率的方式推进增值税改革是在其他几项政策实施后才进行的，就是考虑到了调整增值税税率这一政策手段刚性较强，波及面较大。从中国多年的增值税改革实践来看，我国增值税改革很好地把握了增值税的本质，分阶段、有步骤、灵活地应用了多个政策工具，最终取得了良好的政策效果。

三、中国企业所得税改革

（一）企业所得税的“大一统”

1993 年 12 月 13 日，《中华人民共和国企业所得税暂行条例》

发布，规定除外商投资企业和外国企业外，国有企业、集体企业、私营企业、联营企业、股份制企业，有生产、经营所得和其他所得的其他组织，统一适用33%的企业所得税税率，这是对之前的国营企业所得税、国营企业调节税、集体企业所得税和私营企业所得税进行的合并。

2007年3月16日，《中华人民共和国企业所得税法》公布，居民企业统一适用25%的税率，非居民企业适用税率为20%，这标志着我国企业所得税制度在经过因所有制性质不同而有差别待遇，以及因投资者身份不同而有差别待遇后，真正实现了“大一统”。“大一统”之后，对此前与外商投资企业相关的法律进行了废止，事实上取消了外商投资企业的超国民待遇，让内资、外资企业站在了同一条起跑线上。虽然外资企业企业所得税实质税率有所提升，但数量更多的内资企业企业所得税税率有所下降，从总体来看我国企业的税负水平整体下降了，因此税法“大一统”的过程其实是减税的过程。

在企业所得税“大一统”之后，我国企业所得税的优惠思路转向以产业优惠为主，以区域优惠为辅。

（二）企业所得税的减税脉络

1. 对特定行业予以支持

在企业所得税“大一统”之后，我国企业所得税的优惠思路转向以产业优惠为主，以区域优惠为辅，具体来说，即支持高新技术产业、先进制造业、环保产业、农业产业和文化产业等符合国家发展战略的特定行业，这也是我国经济在特定发展阶段的需要。

2010 年 3 月 2 日，《国家税务总局关于新办文化企业企业所得税有关政策问题的通知》发布，规定对 2008 年 12 月 31 日前新办的政府鼓励的文化企业，自工商注册登记之日起，免征 3 年企业所得税，享受优惠的期限截至 2010 年 12 月 31 日。

2010 年 11 月 5 日，财政部、国家税务总局、商务部、科技部和国家发展改革委，联合发布了《关于技术先进型服务企业有关企业所得税政策问题的通知》，规定自 2010 年 7 月 1 日起至 2013 年 12 月 31 日止，对在北京等 21 个中国服务外包示范城市的经认定的技术先进型服务企业，减按 15% 的税率征收企业所得税，且发生的职工教育经费支出，不超过工资薪金总额 8% 的部分，准予在计算应纳税所得额时扣除，超过部分，准予在以后纳税年度结转扣除。2014 年 10 月 8 日，财政部、国家税务总局、商务部、科技部和国家发展改革委再次发通知，将先进型服务企业的这两项税收优惠延长到 2018 年 12 月 31 日。

2011 年 5 月 31 日，财政部、国家税务总局发布了《关于高新技术企业境外所得适用税率及税收抵免问题的通知》，规定高新技术企业来源于境外的所得，可以享受高新技术企业所得税优惠政策，即按照 15% 的优惠税率缴纳企业所得税。

2012 年 3 月 29 日，财政部、国家税务总局发布了《关于保险公司农业巨灾风险准备金企业所得税税前扣除政策的通知》，对保险公司经营财政给予保费补贴的种植业险种，按不超过补贴险种当年保费收入25%的比例计提的巨灾风险准备金，准予在企业所得税前据实扣除。

2013年9月29日，财政部、国家税务总局发布了《关于研究开发费用税前加计扣除有关政策问题的通知》，规定企业从事研发活动发生的“五险一金”、设备相关费用、实验相关费用等都可以税前加计扣除。

2013年10月21日，国家税务总局发布了《关于技术转让所得减免企业所得税有关问题的公告》，规定对于企业的技术转让所得减免企业所得税，可以计入技术转让收入的包括技术咨询、技术服务、技术培训收入等。

2015年2月9日，财政部、国家税务总局、国家发展改革委及工业和信息化部发布了《关于进一步鼓励集成电路产业发展企业所得税政策的通知》，规定对符合条件的集成电路封装、测试企业以及集成电路关键专用材料生产企业、集成电路专用设备生产企业，在2017年（含2017年）前实现获利的，自获利年度起，第一年至第二年免征企业所得税，第三年至第五年按照25%的法定税率减半征收企业所得税，并享受至期满为止；2017年前未实现获利的，自2017年起计算优惠期，享受至期满为止。

2015年6月9日，财政部、国家税务总局发布了《关于高新技术企业职工教育经费税前扣除政策的通知》，规定高新技术企业发生的职工教育经费支出，不超过工资薪金总额8%的部分，准予在计算企业所得税应纳税所得额时扣除；超过部分，准予在以后纳税年度结转扣除。这是将先进型服务企业的优惠政策进一步延展到全部高新技术企业。

2015 年 9 月 17 日，财政部、国家税务总局发布《关于进一步完善固定资产加速折旧企业所得税政策的通知》，规定轻工、纺织、机械、汽车四个领域重点行业的企业，在 2015 年 1 月 1 日后新购进的固定资产，可由企业选择缩短折旧年限或采取加速折旧的方法。这四个领域重点行业均属于“重资产”行业，实施加速折旧政策有利于其转型升级。

2017 年 5 月 27 日，财政部、国家税务总局发布《关于广告费和业务宣传费支出税前扣除政策的通知》，对化妆品制造或销售、医药制造和饮料制造（不含酒类制造）企业发生的广告费和业务宣传费支出，不超过当年销售（营业）收入 30% 的部分，准予扣除；超过部分，准予在以后纳税年度结转扣除。

2017 年 11 月 2 日，财政部、国家税务总局、商务部、科技部和国家发展改革委发布《关于将技术先进型服务企业所得税政策推广至全国实施的通知》，规定自 2017 年 1 月 1 日起，在全国范围内实行技术先进型服务企业减按 15% 的税率征收企业所得税，且职工教育经费支出不超过工资薪金总额 8% 的部分，准予在计算应纳税所得额时扣除，超过部分，准予在以后纳税年度结转扣除。这是将技术先进型服务企业所得税政策推广至全国。

2018 年 5 月 7 日，财政部、国家税务总局发布《关于设备 器具扣除有关企业所得税政策的通知》，规定企业在 2018 年 1 月 1 日至 2020 年 12 月 31 日期间新购进的设备、器具，单位价值不超过 500 万元的，允许一次性计入当期成本费用在计算应纳税所得额时扣除，不再分年度计算折旧。

2018 年 7 月 11 日，财政部、国家税务总局发布《关于延长高新技术企业和科技型中小企业亏损结转年限的通知》，规定自 2018 年 1 月 1 日起，当年具备高新技术企业或科技型中小企业资格（以下统称资格）的企业，其具备资格年度之前 5 个年度发生的尚未弥补完的亏损，准予结转以后年度弥补，最长结转年限由 5 年延长至 10 年。

2019 年 4 月 13 日，财政部、国家税务总局、国家发展改革委和生态环境部，联合发布《关于从事污染防治的第三方企业所得税政策问题的公告》，规定对符合条件的从事污染防治的第三方企业减按 15% 的税率征收企业所得税。

2020 年 12 月 11 日，财政部、国家税务总局、国家发展改革委、工业和信息化部发布《关于促进集成电路产业和软件产业高质量发展企业所得税政策的公告》，规定国家鼓励的集成电路线宽小于 28 纳米（含），且经营期在 15 年以上的集成电路生产企业或项目，第一年至第十年免征企业所得税；国家鼓励的集成电路线宽小于 65 纳米（含），且经营期在 15 年以上的集成电路生产企业或项目，第一年至第五年免征企业所得税，第六年至第十年按照 25% 的法定税率减半征收企业所得税；国家鼓励的集成电路线宽小于 130 纳米（含），且经营期在 10 年以上的集成电路生产企业或项目，第一年至第二年免征企业所得税，第三年至第五年按照 25% 的法定税率减半征收企业所得税。这是对集成电路行业前所未有的巨大优惠政策。

2. 对特定地区企业的支持

我国各地区经济发展不平衡，整体来看主要是东部西部地区因为地理位置原因发展差距过大，为了促进区域协调发展，国家通过实施西部大开发战略扶持西部地区发展，在企业所得税方面也出台了配套的政策。同时，对某些具有战略发展意义的地区，实施特殊的优惠政策，前有四大经济特区，现有海南自由贸易港等地区。

2011 年 6 月 17 日，财政部、国家税务总局发布了《关于新疆困难地区新办企业所得税优惠政策的通知》，规定自 2010 年 1 月 1 日至 2020 年 12 月 31 日，对在新疆困难地区新办的属于《新疆困难地区重点鼓励发展产业企业所得税优惠目录》范围内的企业，自取得第一笔生产经营收入所属纳税年度起，第一年至第二年免征企业所得税，第三年至第五年减半征收企业所得税。

2012 年 4 月 6 日，国家税务总局发布了《关于深入实施西部大开发战略有关企业所得税问题的公告》，规定自 2011 年 1 月 1 日至 2020 年 12 月 31 日，对设在西部地区以《西部地区鼓励类产业目录》中规定的产业项目为主营业务，且其当年度主营业务收入占企业收入总额 70% 以上的企业，经企业申请，主管税务机关审核确认后，可减按 15% 的税率缴纳企业所得税。

2015 年 3 月 10 日，国家税务总局发布了《关于执行〈西部地区鼓励类产业目录〉有关企业所得税问题的公告》，规定对设在西部地区以《西部地区鼓励类产业目录》中新增鼓励类产业项目为主营业务，且其当年度主营业务收入占企业收入总额 70% 以上的企业，自2014年10月1日起，可减按15%的税率缴纳企业所得税。

2020年4月23日，财政部、国家税务总局和国家发展改革委联合发布《关于延续西部大开发企业所得税政策的公告》，规定自2021年1月1日至2030年12月31日，对设在西部地区的鼓励类产业企业，即符合《西部地区鼓励类产业目录》中规定的产业项目为主营业务且其主营业务收入占企业收入总额60%以上的企业，减按15%的税率征收企业所得税。

2020年6月23日，财政部、国家税务总局发布《关于海南自由贸易港企业所得税优惠政策的通知》，规定对注册在海南自由贸易港并实质性运营的鼓励类产业企业，减按15%的税率征收企业所得税。

2020年7月13日，财政部、国家税务总局发布《关于中国（上海）自贸试验区临港新片区重点产业企业所得税政策的通知》，针对中国（上海）自由贸易试验区临港新片区内从事集成电路、人工智能、生物医药、民用航空等关键领域核心环节相关产品（技术）业务，并开展实质性生产或研发活动的符合条件的法人企业，自设立之日起5年内减按15%的税率征收企业所得税。

3. 对小型微利企业的扶持

任何国家的小型微利企业都是国家经济的活力所在，其不但是就业的主体，而且是创新的源泉，因此对小型微利企业进行扶持，就相当于“扶持”一个国家经济的未来。我国也不例外，一贯通过税收优惠政策持续不断地进行减税降费，对小微企业进行大力扶持。

2011年1月27日，财政部、国家税务总局发布了《关于继续实施小型微利企业所得税优惠政策的通知》，规定自2011年1月1日至2011年12月31日，对年应纳税所得额低于3万元（含3万元）的小型微利企业，其所得减按50%计入应纳税所得额，按20%的税率缴纳企业所得税。

2014年4月8日，财政部、国家税务总局发布《关于小型微利企业所得税优惠政策有关问题的通知》，规定自2014年1月1日至2016年12月31日，对年应纳税所得额低于10万元（含10万元）的小型微利企业，其所得减按50%计入应纳税所得额，按20%的税率缴纳企业所得税。也就是说，将2011年发布的小微企业年应纳税所得额的优惠额度提高到10万元。

2015年3月13日，财政部、国家税务总局发布《关于小型微利企业所得税优惠政策的通知》，规定自2015年1月1日至2017年12月31日，对年应纳税所得额低于20万元（含20万元）的小型微利企业，其所得减按50%计入应纳税所得额，按20%的税率缴纳企业所得税。将小微企业年应纳税所得额的优惠额度进一步提高到20万元。

2015年9月2日，财政部、国家税务总局发布了《关于进一步扩大小型微利企业所得税优惠政策范围的通知》，规定自2015年10月1日起至2017年12月31日，对年应纳税所得额在20万元到30万元（含30万元）之间的小型微利企业，其所得减按50%计入应纳税所得额，按20%的税率缴纳企业所得税。在一年之内两次调高小微企业的纳税额度，力度之大前所未有。

2017年5月2日，财政部、国家税务总局、科技部发布《关于提高科技型中小企业研究开发费用税前加计扣除比例的通知》，科技型中小企业开展研发活动中实际发生的研发费用，未形成无形资产计入当期损益的，在按规定据实扣除的基础上，在2017年1月1日至2019年12月31日期间，再按照实际发生额的75%在税前加计扣除；形成无形资产的，在上述期间按照无形资产成本的175%在税前摊销。

2017年6月6日，财政部、国家税务总局发布《关于扩大小型微利企业所得税优惠政策范围的通知》，规定自2017年1月1日至2019年12月31日，将小型微利企业的年应纳税所得额上限由30万元提高至50万元，对年应纳税所得额低于50万元（含50万元）的小型微利企业，其所得减按50%计入应纳税所得额，按20%的税率缴纳企业所得税。

2018年7月11日，财政部、国家税务总局发布《关于进一步扩大小型微利企业所得税优惠政策范围的通知》，规定自2018年1月1日至2020年12月31日，将小型微利企业的年应纳税所得额上限由50万元提高至100万元，对年应纳税所得额低于100万元（含100万元）的小型微利企业，其所得减按50%计入应纳税所得额，按20%的税率缴纳企业所得税。

2019年1月18日，国家税务总局发布《关于实施小型微利企业普惠性所得税减免政策有关问题的公告》，规定自2019年1月1日至2021年12月31日，对小型微利企业年应纳税所得额不超过100万元的部分，减按25%计入应纳税所得额，按20%的税率缴纳企业所得税；对年应纳税所得额超过100万元但不超过300万元的部分，减按50%计入应纳税所得额，按20%的税率缴纳企业所得税。

4. 引导企业承担社会责任

企业是财富的创造者，企业在创造财富的过程中，会占用社会的资源，甚至影响社会的可持续发展，因此，承担一定的社会责任，绝不是企业额外的负担，而是必须尽到的义务。而且，政府是社会公共服务的主要提供者，但政府的角色和能力往往是有限的，经常需要企业协助去完成一定的社会目标。当然，为了引导企业自觉承担社会责任，企业所得税政策也可以在其中扮演重要角色。

2013年9月30日，财政部、国家税务总局发布了《关于企业参与政府统一组织的棚户区改造有关企业所得税政策问题的通知》，规定企业参与政府统一组织的工矿（含中央下放煤矿）棚户区改造、林区棚户区改造、垦区危房改造并同时符合一定条件的棚户区改造支出，准予在企业所得税前扣除。

2018年2月11日，财政部、国家税务总局发布《关于公益性捐赠支出企业所得税税前结转扣除有关政策的通知》，规定企业通过公益性社会组织或者县级（含县级）以上人民政府及其组成部门和直属机构，用于慈善活动、公益事业的捐赠支出，在年度利润总额12%以内的部分，准予在计算应纳税所得额时扣除；超过年度利润总额12%的部分，准予结转以后三年内在计算应纳税所得额时扣除。

2019年4月2日，财政部、国家税务总局、国务院扶贫办联合发布《关于企业扶贫捐赠所得税税前扣除政策的公告》，规定自2019年1月1日至2022年12月31日，企业通过公益性社会组织或者县级（含县级）以上人民政府及其组成部门和直属机构，用于目标脱贫地区的扶贫捐赠支出，准予在计算企业所得税应纳税所得额时据实扣除。

根据2019年4月23日《国务院关于修改部分行政法规的决定》，《中华人民共和国企业所得税法实施条例》修订后发布，该条例将“公益性社会组织”的范围扩大，而且公益性捐赠的范围也扩大了。这些修改有利于更多主体用多种形式参与到慈善活动中来。

5. 普惠性优惠政策

2015年11月16日，国家税务总局发布《关于许可使用权技术转让所得企业所得税有关问题的公告》，规定自2015年10月1日起，全国范围内的居民企业转让5年（含）以上非独占许可使用权取得的技术转让所得，纳入享受企业所得税优惠的技术转让所得范围。居民企业的年度技术转让所得不超过500万元的部分，免征企业所得税，超过500万元的部分，减半征收企业所得税。

2018年5月7日，财政部、国家税务总局发布《关于企业职工教育经费税前扣除政策的通知》，规定企业发生的职工教育经费支出，不超过工资薪金总额8%的部分，准予在计算企业所得税应纳税所得额时扣除，超过部分，准予在以后纳税年度结转扣除。这是将只在某些行业实施的8%的职工教育经费扣除政策推向了所有行业。

2018年9月20日，财政部、国家税务总局和科技部发布《关于提高研究开发费用税前加计扣除比例的通知》，规定企业开展研发活动中实际发生的研发费用，未形成无形资产计入当期损益的，在按规定据实扣除的基础上，在2018年1月1日至2020年12月31日期间，再按照实际发生额的75%在税前加计扣除；形成无形资产的，在上述期间按照无形资产成本的175%在税前摊销。这是将特定行业享受的加计扣除政策推向了所有行业。

2019年4月23日，财政部、国家税务总局发布《关于扩大固定资产加速折旧优惠政策适用范围的公告》，规定自2019年1月1日起，固定资产加速折旧优惠的行业范围，扩大至全部制造业领域。

四、中国制造业细分行业的税制改革

我国减税政策实施的重点领域其实是制造业，因为制造业在我国经济中的地位实在太重要了。按照通用的标准，我国制造业可分为30多个细分行业，每个细分行业均有其自身特点，各个行业面临的经济形势、行业政策等也不同。本研究选取了2009—2019年的相关数据，观察各个细分行业在这11年中“两税”收入变化的轨迹，详细分析其影响因素，特别是国家税收政策因素在其中的作用。这种分析将为我们下一步的研究奠定基础。

1. 农副食品加工业

2009—2019年我国农副食品加工业“两税”数据及“两税”轨迹分别如表4－1和图4－2所示。

农副食品加工业指直接以农、林、牧、渔业产品为原料进行的

表 4－1　2009—2019 年我国农副食品加工业“两税”数据　单位：万元

年度	2009	2010	2011	2012	2013	2014	2015	2016	2017	2018	2019
企业所得税	312489	500403	742885	850540	789744	769530	800710	919525	979218	1152957	991932
增值税	1392099	1536901	1808611	2141994	1984708	1830249	1844281	1817713	1948228	1926106	1744962

数据来源：《中国税务年鉴》（2009—2019）。

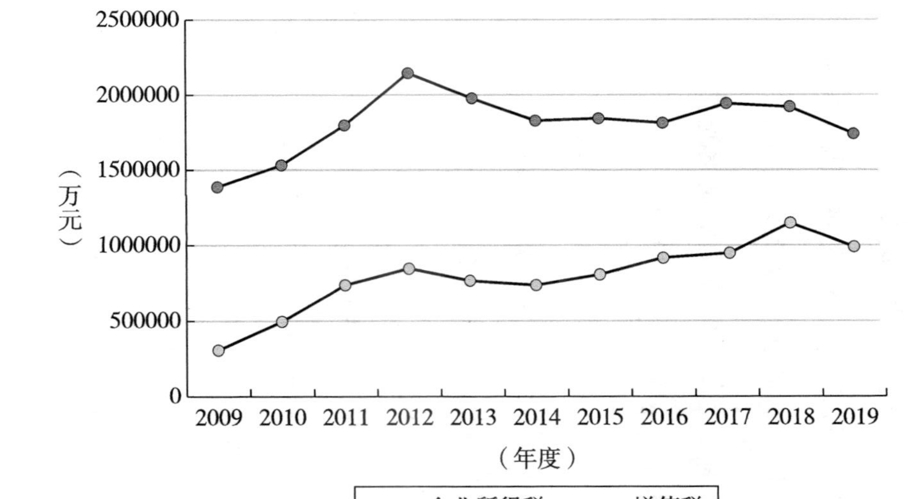

图 4－2　2009—2019 年我国农副食品加工业“两税”轨迹

数据来源：根据表 4－1 数据制图。

谷物磨制、饲料加工、植物油和制糖加工、屠宰及肉类加工、水产品加工，以及蔬菜、水果和坚果等食品的加工活动，是国民经济基础性和保障民生的重要支柱产业。“十一五”时期，我国农产品加工业实现了较快发展，总量持续增长，带动作用增强，结构不断优化、产业加速聚集，取得了很大成效。

2008 年 11 月 20 日，财政部、国家税务总局发布《关于发布享受企业所得税优惠政策的农产品初加工范围（试行）的通知》，进一步明确了享受企业所得税优惠政策的农产品初加工范围。

2011 年 4 月 6 日，农业部审议并原则通过了《全国农业和农村经济发展第十二个五年规划》，对种植业、农产品加工业等五大产业发展进行了布局安排，从强化多元投入、加强农业补贴补助力度、完善农业奖补机制等八个方面提出了重点措施，扶持农业发展。

2011 年 12 月 31 日，财政部、国家税务总局联合下发《关于免征蔬菜流通环节增值税有关问题的通知》，宣布自 2012 年 1 月 1 日起，免征蔬菜流通环节增值税，以减轻从事蔬菜流通企业的税收负担，促进蔬菜流通服务的发展。

在国家政策的大力扶持下，我国农副食品加工业增值税收入与企业所得税收入协同增长，呈现良好态势。

2012 年 8 月 3 日，《国务院关于深化流通体制改革　加快流通产业发展的意见》发布，提出要“构建农产品产销一体化流通链条”“积极培育大型流通企业”“加大流通领域商品质量监督检查力度”等，并考虑“将免征蔬菜流通环节增值税政策扩大到有条件的鲜活农产品”。顺应“十二五”期间的新政策，国家加大农副食品加工业减税降负力度，大力支持产业发展，从我国农副食品加工业“两税”数据来看，2012 年以后，增值税与企业所得税税收呈现平稳波动态势。

2016 年 3 月 17 日，《中华人民共和国国民经济和社会发展第十三个五年规划纲要》在推进农业现代化方面指出，增强农产品安全保障能力，构建现代农业经营体系，提高农业技术装备和信息化水平，完善农业支持保护制度。受政策影响，2016 年与 2017 年，我国农副食品加工业税收收入缓慢提升。但是在 2017 年之后，我国农副食品加工业发展面临多种威胁，国际方面，全球经济增速放缓，国际竞争不确定性增加，国际贸易保护主义盛行；国内方面，经济增速变缓，大宗货物通货膨胀，原材料价格上升，劳动力成本增加。农副食品加工业营业税收、行业利润总额、行业企业数量、行业亏损企业数量等经济指标持续下降，受此影响，增值税收入下降，企业所得税收入也出现了较大波动。

2017 年，国家发展改革委、工业和信息化部印发的《关于促进食品工业健康发展的指导意见》指出，围绕提升食品质量和安全水平，以满足人民群众日益增长和不断升级的安全、多样、健康、营养、方便食品消费需求为目标，以供给侧结构性改革为主线，以创新驱动为引领，着力提高供给质量和效率，推动食品工业转型升级、膳食消费结构改革，满足小康社会城乡居民更高层次的食品需求。

2. **食品制造业**

2009—2019 年我国食品制造业“两税”数据及“两税”轨迹分别如表 4 -2 和图 4 -3 所示。

表 4－2　　2009—2019 年我国食品制造业“两税”数据

单位：万元

年度	2009	2010	2011	2012	2013	2014	2015	2016	2017	2018	2019
企业所得税	656487	993308	1254358	1593120	1736763	1814020	1839343	1931803	2093315	2379083	2351748
增值税	2746333	2918987	3322931	4000090	4294506	4397692	4721183	4754748	5028870	5172364	4594592

数据来源：《中国税务年鉴》（2009—2019）。

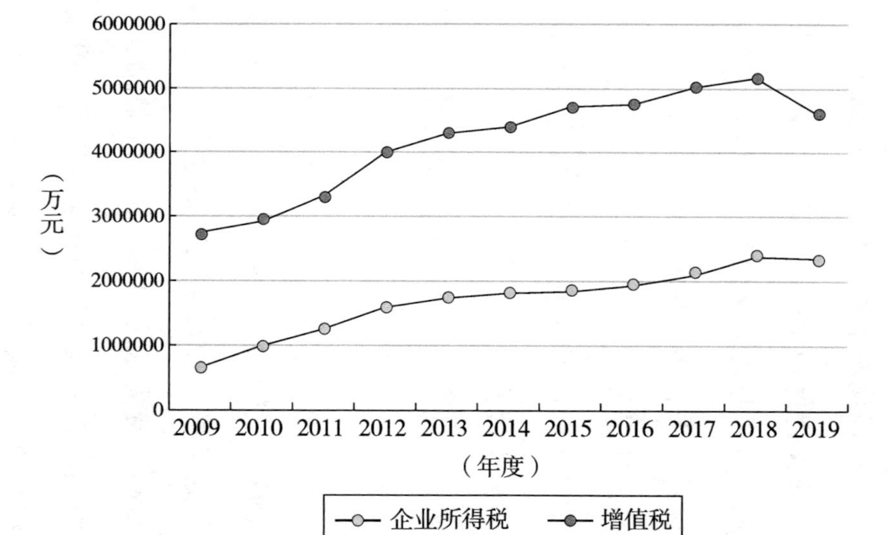

图 4－3　2009—2019 年我国食品制造业“两税”轨迹

数据来源：根据表 4－2 数据制图。

食品制造业是指以农、林、牧、渔业等产品为原料，经一系列精细化操作，制造的产品直接面向终端消费者的制造活动。食品制造业受农产品影响较大并且整体缺乏创新性。

从整体趋势来看，2009—2018 年我国食品制造业的企业所得税和增值税收入额一直处于平稳上升的状态。这主要是因为我国经济不断发展，人口不断增加，食品多样化需求不断增加，推动食品制造业整体营收不断增加、企业数量不断增加，从而推动企业所得税收入额和增值税收入额不断平稳增加。当然，食品制造业也有相关的税收优惠政策：

（1）农产品核定扣除政策

《关于在部分行业试行农产品增值税进项税额核定扣除办法的通知》规定，财政部和国家税务总局纳入试点范围的增值税一般纳税人（试点纳税人）以购进农产品为原料生产货物的，农产品增值税进项税额可按照投入产出法、成本法和参照法核定。

（2）免征增值税政策

农业生产者销售的自产农产品免征增值税，对从事蔬菜批发、零售的纳税人销售的蔬菜免征增值税，部分鲜活肉蛋产品流通环节免征增值税，农民专业合作社销售本社成员生产的农产品和向本社成员销售部分农用物资免征增值税。

（3）进项税额抵扣

《关于在部分行业试行农产品增值税进项税额核定扣除办法的通知》规定，纳税人购买农产品开具收购发票，按照收购发票上注明的农产品买价计算抵扣进项税额。

（4）税率调整

食品制造业在2017年7月1日之前的增值税税率为13%，2017年7月1日至2018年4月30日税率为11%，2018年5月1日至2019年3月31日税率为10%，2019年4月1日下调为9%。

2019年，食品制造业企业所得税和增值税税收趋势出现了差异，企业所得税收入额略微下降，而增值税收入额下降幅度较大。这主要是因为2019年《政府工作报告》中提出要深化增值税改革，将制造业等行业16%的税率降至13%，将交通运输业、建筑业等行业10%的税率降至9%，保持6%一档的税率不变。简而言之，2019年制造业增值税税率的下降导致2019年食品制造业增值税收入额下降。

3. 酒、饮料和精制茶制造业

2009—2019年我国酒、饮料和精制茶制造业“两税”数据及“两税”轨迹分别如表4-3和图4-4所示。

酒、饮料和精制茶制造业包括酒的制造、饮料制造和精制茶加工。其中，酒的制造向下细分为酒精制造、白酒制造、啤酒制造、黄酒制造、葡萄酒制造、其他酒制造；饮料制造向下细分为碳酸饮料制造、瓶（罐）装饮用水制造、果菜汁及果菜汁饮料制造、含乳饮料和植物蛋白饮料制造、固体饮料制造、茶饮料及其他饮料制造。酒、饮料和精制茶属于人民群众的日常需求产品，在供给关系中受价格影响较小，受国家宏观调控因素影响较小，其对税收反应不敏感，但近年来部分酒类产品价格上涨过快，刚性需求有转向弹性需

表 4 -3　2009—2019 年我国酒、饮料和精制茶制造业“两税”数据　单位：万元

年度	2009	2010	2011	2012	2013	2014	2015	2016	2017	2018	2019
企业所得税	541905	652784	943543	1088673	1158964	1322620	1332623	1348712	1504801	1618090	1923236
增值税	2122130	2162901	2377256	2903820	2899825	2817791	3082552	2950214	3306178	3545503	3212229

数据来源：《中国税务年鉴》（2009—2019）。

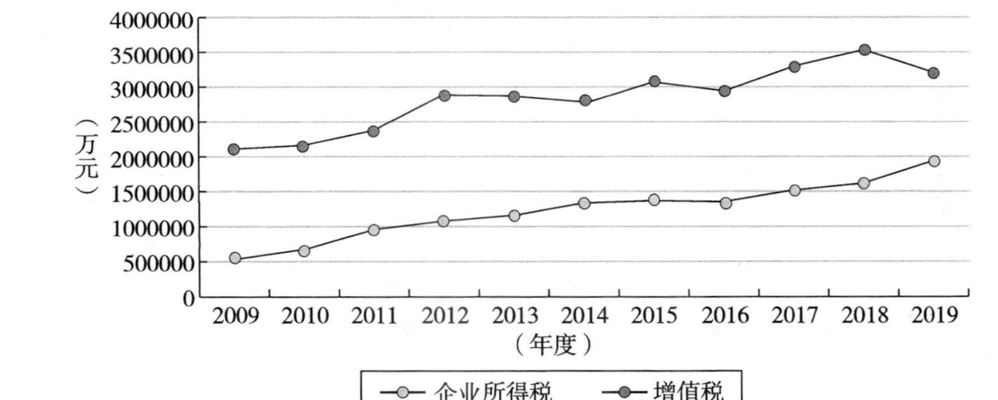

图 4 -4　2009—2019 年我国酒、饮料和精制茶制造业“两税”轨迹

数据来源：根据表 4 -3 数据制图。

求的趋势，该行业增值税在经济政策、价格因素等影响下，出现了几次较大波动。

高端酒、收藏酒、高端茶饮通常会多次流转，价格波动大，受市场因素影响大；酒、饮料和精制茶制造业一直受到国家政策支持，包括2009年出台的《轻工业调整和振兴规划》、各地区出台的酿酒行业振兴规划等，相关企业利润增长具有稳定性，企业所得税收入也具有稳定性。由此可见，不同的税收特征和发展状况会导致不同行业增值税与企业所得税收入变化趋势出现部分背离的情况。

“十一五”期间至“十二五”初期，我国酒、饮料和精制茶制造业平稳发展，这一时期该行业处于发展的黄金时期，增值税和企业所得税实现了稳定、同步增长。2012年，中共中央政治局审议通过了中央政治局关于改进工作作风、密切联系群众的八项规定，严格整治党风党纪，随着限制“三公”消费措施的接连出台，在经历了连续多年的稳定增长后，2013年和2014年，包括酒、饮料和精制茶制造业在内的餐饮、旅游等行业业绩回落，增值税收入逐年下降。需求回落、竞争加剧、人口红利下降与成本上涨等因素，使得这个行业步入发展“寒冬期”，行业亟须转型发展。

2015年，在大众餐饮、餐饮外卖高速发展的双向驱动下，餐饮行业恢复景气，酒、饮料和精制茶制造业增值税收入小幅上升。国内吨酒价格、吨酒利润长期处于较低水平，渠道商和终端消费者需求发生改变，供求关系慢慢逆转，消费需求逐渐转向高端产品，行业提价趋势明显。行业内大企业新增产能意愿不强，转型发展意愿强烈，逐渐从扩大产能转向优化产能，运营效率逐渐提高。在我国，白酒企业多数为地方国企，2015 年 3 月，李克强总理在政府工作报告中表示，要深化国企国资改革，包括五粮液、洋河股份在内的众多酒业厂商积极改革，在调整期作出战略变更，积极收缩产品覆盖价格区间及产品覆盖市场地域，致力于打造具有区域特色、集中度高的区域品牌酒企。

在多项措施并举的条件下，我国酒、饮料和精制茶制造业增值税收入在 2016 年出现短暂回落之后，连续两年实现正增长。但从 2019 年开始，我国国内宏观经济压力变得显著，经济增速变缓，而且中国人口老龄化程度加深、影响扩大，中低端行业消费基数人群走低，加之中美贸易摩擦的影响，该行业增值税收入大幅回落。

4. 烟草制品业

2009—2019 年我国烟草制品业“两税”数据及“两税”轨迹分别如表 4 –4 和图 4 –5 所示。

烟草制品业在我国一直处于垄断状态，烟草制品业税收额占制造业总体税收额的比重较大，是我国税收来源重点行业。目前，我国宏观层面强调控烟政策，烟草制品业税率较高，且烟草制品业税收优惠较少。

（1）增值税

2009—2015 年我国烟草制品业增值税税收一直快速增长，而到 2016 年，我国烟草制品业增值税收入出现较大幅度下降，其中主要有两个原因：

表 4－4　　2009—2019 年我国烟草制品业“两税”数据　　单位：万元

年度	2009	2010	2011	2012	2013	2014	2015	2016	2017	2018	2019
企业所得税	1755179	1727532	1974577	2656299	3120996	3373954	2876934	2547988	2314265	2199276	3275623
增值税	5542661	6617505	8183719	9543372	9846101	10777827	11559037	10485967	10642911	11311287	11093648

数据来源：《中国税务年鉴》（2009—2019）。

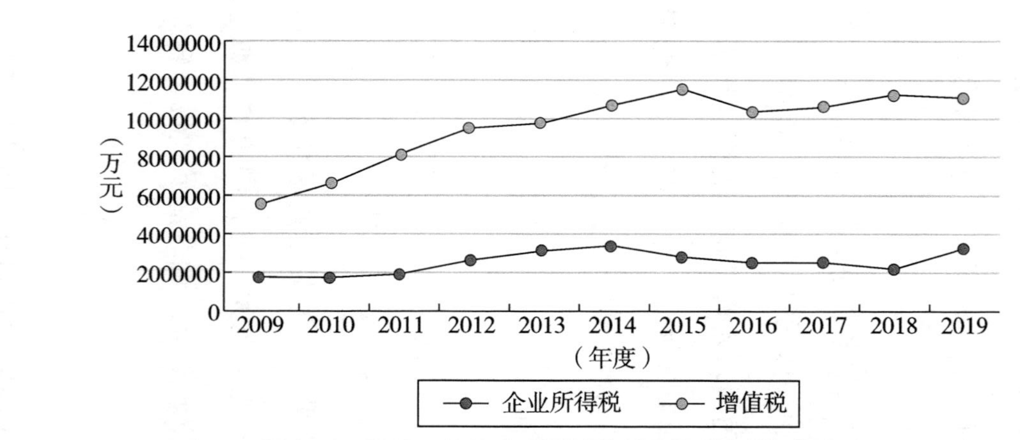

图 4－5　2009—2019 年我国烟草制品业“两税”轨迹

数据来源：根据表 4－4 数据制图。

①烟草制品业在原材料采购过程中，原烟采购税率由13%变为11%，在产品加工与销售过程中，委托受托加工出库税率为17%，并抵扣2%的进项税。

②2016年是烟草制品业重整之年，“三去一降一补”（去产能、去库存、去杠杆、降成本、补短板）及提税顺价的同步推进，使卷烟销量大幅下降，同比下降11%左右，产销率下降至96%左右。

2017—2018年我国烟草制品业增值税收入缓慢上升，这是因为2017年后随着“稳产销、提结构、控烟叶、降库存、增税利”调控方针的实施，国内卷烟销量和销售收入回升，销量超过产量，呈现去库存态势。2019年我国卷烟产量约为23642.5亿支，同比2018年增加了约266.91亿支；1—12月全国卷烟销售量累计约23676.4亿支，卷烟产销率达100%以上。

（2）企业所得税

我国烟草制品业企业所得税收入2009—2014年除2010年小幅下降外，其余年份均处于上升态势，而在2015—2018年则处于下降状态，这主要是因为部分烟草制品公司出现亏损，导致企业所得税缴纳额下降。而部分烟草制品公司出现亏损的主要原因有两个：

①烟草制品业税率高。除去增值税外，烟草制品业还需要缴纳大量的消费税，像甲类卷烟的消费税（从价税）高达56%，而乙类卷烟以及雪茄烟的消费税（从价税）为36%。有人说，烟草制品公司所得的大部分利润都要用来缴税，且与税率不断提升相对应的是，烟草制品公司的收入不断下降，这让许多烟草制品公司出现亏损。

②国家提倡“控烟”。大家都知道香烟所带来的危害有多大，所

以现在的烟草制品业越是“繁荣”，那么民众的健康就越“危险”。为了大家身体健康，国家一直在加大控烟力度，比如，禁止在公共场所吸烟，提高香烟的价格。

2019年烟草制品业企业所得税收入较2018年有所提高。据统计，2019年1—10月我国烟草制品业亏损额同比减少14%左右，虽然亏损企业数量继续增加，但是烟草制品业营利能力有所好转。2019年1—10月，我国烟草制品业毛利率达到73%左右，销售利润率达到9%左右。

5. 纺织业

2009—2019年我国纺织业“两税”数据及“两税”轨迹分别如表4-5和图4-6所示。

纺织业在我国是一个劳动密集度和对外依存度都较高的产业，我国是世界上最大的纺织品服装生产和出口国。纺织原料主要有棉花、羊绒、羊毛、蚕丝等。下游产业主要有服装业、家用纺织品业、产业用纺织品业等。纺织品服装出口的稳定增长，对保证中国外汇储备、国际收支平衡、人民币汇率稳定及解决社会就业问题、促进纺织业可持续发展至关重要。

我国纺织业主要有两大特点：第一，纺织业是中国具有明显国际竞争优势的行业，对外依存度高，属于典型的出口依赖型行业，受国际贸易竞争影响很大；第二，纺织品出口是中国对外贸易顺差的主要来源之一，在中国出口贸易中占有相当大的比重。

中国加入WTO之后，虽然一直面临着国外的反倾销调查，但仍

表 4－5　2009—2019 年我国纺织业“两税”数据　　单位：万元

年度	2009	2010	2011	2012	2013	2014	2015	2016	2017	2018	2019
企业所得税	472708	740068	1072357	865400	863617	909409	946474	935612	1079334	1083863	1006652
增值税	4303295	4281141	4453525	4990870	4840919	5077808	5151951	4663779	4946637	5048280	4754573

数据来源：《中国税务年鉴》（2009—2019）。

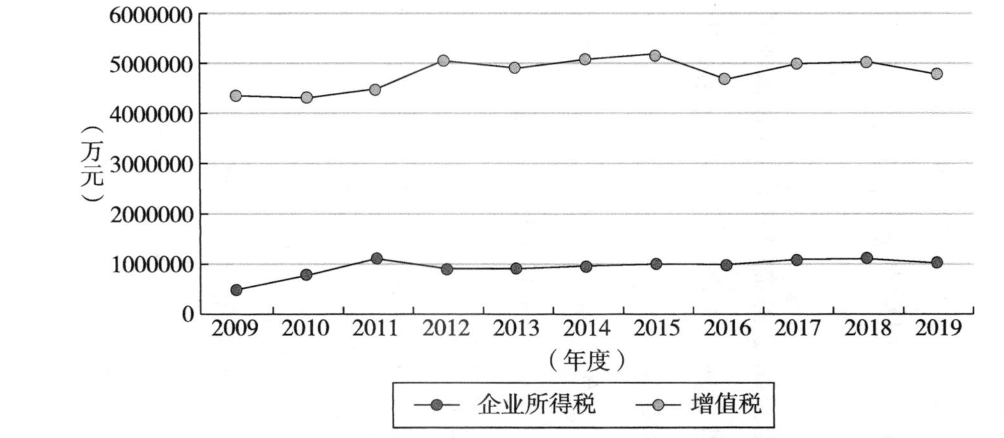

图 4－6　2009—2019 年我国纺织业“两税”轨迹

数据来源：根据表 4－5 数据制图。

然以价低等优势占据着国际纺织品出口市场的大量份额，我国纺织业长期处于发展的黄金时期。2008 年修订的《中华人民共和国增值税暂行条例》规定，购进农产品的进项税额可以从销项税额中抵扣，并且长期以来我国对自产农产品免征增值税，因此该条例自 2009 年 1 月 1 日起正式实施后，我国纺织业增值税收入出现小幅下降。《纺织工业调整和振兴规划》的颁布，则给我国纺织业打了一剂“强心针”。

我国纺织业早期主要集中在东部沿海地区，随着改革开放和经济发展，东部沿海地区逐渐不再适合纺织业发展，我国纺织业逐渐向中部地区和西部地区转移，新疆维吾尔自治区逐渐成为我国棉花主产区之一，新疆维吾尔自治区人民政府出台了诸多政策措施支持纺织业发展，包括设立纺织服装产业发展专项资金，实施税收特殊优惠政策，实施低电价优惠政策等，其中，《关于加快自治区纺织业发展有关财税政策的通知》等一系列地方文件，对地方税收优惠做出了详细规定，由此可见，我国纺织业企业所得税收入在未来一段时间内将处于稳定状态。

2012 年 1 月，工业和信息化部发布《纺织工业“十二五”发展规划》，提出“十二五”规划期间的主要目标：规模以上纺织企业工业增加值年均增长 8%，工业增加值率提高 2 个百分点；中西部地区纺织工业总产值占全国的比重达到 28%。另外，强调了四个重点领域，分别是新型纺织纤维材料产业、高端纺织装备制造业、高性能产业用纺织品、传统纺织分行业；同时，要求进一步做好产业的节能减排、行业平稳增长、优化产业结构、提高产业集中度等工作。2012 年，我国纺织业由于外需不足，出口不振，以及受国内生产成本上涨、国内棉花价格过高等因素影响，行业发展面临巨大困难，纺织业企业所得税税收下降，但在国家政策的支持与行业调整结构的积极努力下，我国纺织业增值税收入还是出现了明显上升。

2016 年，我国纺织业经济运行情况基本正常，行业营利能力稳定，经济运行质量持续改善。但是，该行业仍然面临着较为复杂的内外部市场环境，市场增长动力偏弱，行业投资增速回落，转型升级压力仍然较大，行业生产增速逐渐放缓。据中国海关数据，2016 年 1—12 月，我国累计出口纺织品服装 2701.2 亿美元，但由于美国、欧盟、日本等主要市场纺织品服装进口需求持续下降，我国纺织业参与国际市场竞争的压力非常突出，我国在美国、欧盟、日本等市场的占比份额也持续下降。美国是全球最大的纺织品消费国家，也是我国纺织品出口最大的市场之一，但中美贸易摩擦使美国对中国纺织品的进口减少，与此同时，各主要纺织品出口国激烈争夺美国市场，印度、孟加拉国等国不断扩大在美纺织品市场份额。而我国“稳中求进”的工作总基调和供给侧结构性改革，将使我国宏观经济在合理区间内保持增长，虽然我国内需稳步增长的大趋势不会改变，但是由于我国经济增速总体放缓，受消费情绪偏冷、内需消费结构升级等因素影响，2016 年我国纺织业增值税下降。

2016 年以来，我国颁布了多项针对增值税和企业所得税的减税政策。《关于简并增值税税率有关政策的通知》和《关于调整增值税税率的通知》，都规定，对企业购进的用于生产销售的农产品的增值税进项税额进行减免；《关于实施小微企业普惠性税收减免政策的通知》，针对小微企业所得税税收进行了减免；《关于调整增值税税率的通知》规定，纳税人购进用于生产销售或委托加工 16% 税率货物的农产品，按照 12% 的扣除率计算进项税额。

总体来看，我国纺织业受国内经济增速变缓及中美贸易摩擦加剧影响导致 2019 年“两税”收入小幅下降。

6. 纺织服装、服饰业

2009—2019 年我国纺织服装、服饰业“两税”数据及“两税”轨迹分别如表 4 – 6 和图 4 – 7 所示。

纺织服装、服饰业是一个劳动密集程度和对外依存度都较高的行业，该行业出口比重大。受我国劳动力成本上升等因素影响，目前我国纺织服装、服饰业企业向东南亚国家转移的趋势比较明显。2009—2012 年，我国纺织服装、服饰业发展态势较好，纺织服装出口整体呈现较快增长态势，增值税和企业所得税收入不断增加。我国与纺织服装出口相关的税收政策《关于提高纺织品服装出口退税率的通知》规定，从 2009 年 2 月 1 日起，将纺织品、服装出口退税率提高到 15% 。

2013 年，我国纺织服装、服饰业企业所得税下降，其原因是：

（1）行业亏损率较高。2013 年，我国纺织服装、服饰业规模以上企业数量达 20776 家，其中 2203 家企业出现亏损，行业亏损率约为 10. 6% 。

表 4-6　2009—2019 年我国纺织服装、服饰业“两税”数据　单位：万元

年度	2009*	2010*	2011*	2012	2013	2014	2015	2016	2017	2018	2019
企业所得税	533614	761657	1059214	1229129	1012748	1009840	959239	969240	1004774	907595	886295
增值税	3545836	3587178	4176315	4606536	4619128	4692182	4843644	4308660	4830700	4773178	4458574

数据来源：《中国税务年鉴》（2009—2019）。

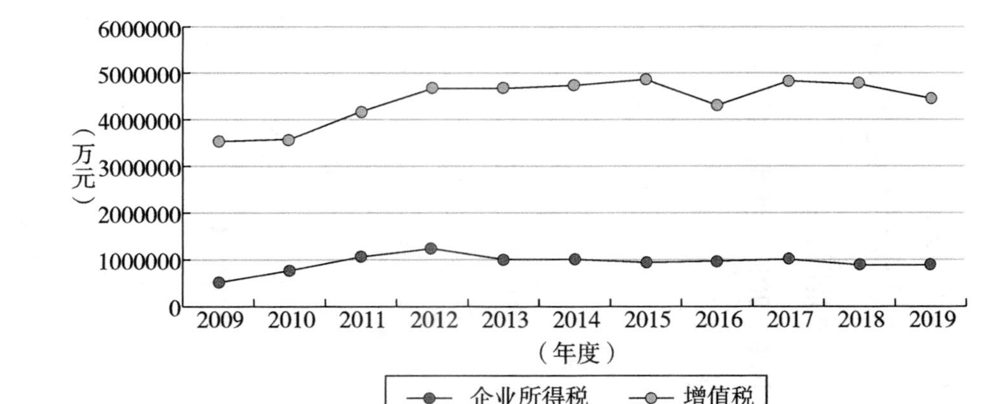

图 4-7　2009—2019 年我国纺织服装、服饰业“两税”轨迹

注：标 * 年份统计的是纺织服装、鞋帽制造业数据。

数据来源：根据表 4-6 数据制图。

（2）研发费用税前加计扣除政策影响。随着中国劳动力成本优势逐渐丧失，我国纺织服装、服饰业企业不断加大研发投入力度。而财政部、国家税务总局发布的《关于研究开发费用税前加计扣除有关政策问题的通知》规定，企业从事研发活动发生的相关费用支出，可纳入税前加计扣除的研究开发费用。

2016 年我国纺织服装、服饰业增值税数据较为异常，增值税收入下降幅度较大，这主要是因为：

（1）行业产量下降。2016 年我国纺织服装、服饰业规模以上企业累计完成服装产量 314. 52 亿件，同比下降 1. 64%，比 2015 年下降 3. 64 个百分点。其中，梭织服装产量 170. 26 亿件，同比下降 2. 76%；针织服装产量 144. 27 亿件，同比下降 0. 26%。

（2）“营改增”的全面推行。2016 年 5 月 1 日，“营改增”全面推行。营业税是流转税，只要有流转环节就要征税，流转环节越多，重复征税现象就越严重。“营改增”的最大特点是减少了企业的重复征税，有利于降低企业税负。对于纺织服装、服饰业的影响，具体来说：一方面，“营改增”全面推行后纺织服装、服饰业企业可抵扣项目范围扩大，可抵扣比例提高，这大大提高了相关企业可抵扣增值税的进项税额，为纺织服装、服饰业企业疏通了可抵扣增值税链条，最终有利于相关企业降低应缴纳的增值税税额；另一方面，“营改增”的全面推行，使纺织服装、服饰业企业在购进不动产及固定资产时产生的进项税额可以抵扣，这无疑减轻了纺织服装、服饰业企业在有关经济交易中的税收负担。

2018—2019 年我国纺织服装、服饰业增值税收入下降的原因主要是增值税改革，税率不断下降。2018 年 5 月，我国纺织服装、服饰业增值税税率由 17% 下降到 16%；2019 年 4 月，我国纺织服装、服饰业增值税税率又由 16% 下降到 13%。

7. 皮革、毛皮、羽毛及其制品和制鞋业

2009—2019 年我国皮革、毛皮、羽毛及其制品和制鞋业“两税”数据及“两税”轨迹分别如表 4－7 和图 4－8 所示。

皮革、毛皮、羽毛及其制品和制鞋业包括皮革鞣制加工、皮革制品制造、毛皮鞣制及制品加工、羽毛（绒）加工及制品制造、制鞋业几个细分行业。该行业属于劳动密集型行业，是对外依存度比较高的行业，具有国际竞争优势，但行业发展和产业转移受到土地资源、劳动力成本、原材料供应、环境保护以及销售市场等多方面因素的影响和制约。近年来，我国皮革、毛皮、羽毛及其制品和制鞋业受到人工成本上涨、贸易保护主义以及同质化竞争等因素的影响，其发展遭遇了前所未有的挑战。

2011 年 3 月 16 日，欧盟委员会发出通报，宣布从 3 月 31 日起正式停止对中国生产的皮鞋征收历时近 5 年、高达 16.5% 的反倾销税，中国皮鞋进入欧盟市场，国际市场订单持续增长，行业发展迅猛。2012 年，中国皮革、毛皮、羽毛及其制品和制鞋业规模以上企业为 7678 家，行业资产合计 545082753.00 千元（同比增加 14.12%），实现销售收入 1109239306.00 千元（同比增加 11.25%），完成利润总额 71498007.00 千元（同比增加 10.69%），为中国贡献了大量的增值税和企业所得税。在 2011 年之前的税收统计中，我国

表 4－7　2009—2019 年我国皮革、毛皮、羽毛及其制品和制鞋业“两税”数据　单位：万元

年度	2009*	2010*	2011*	2012	2013	2014	2015	2016	2017	2018	2019
企业所得税	208675	327792	472216	623216	637263	650793	643655	662559	582283	619638	505290
增值税	1234885	1367857	1621819	2580328	2658881	2758004	2922606	2507417	2599307	2657884	2631043

数据来源：《中国税务年鉴》（2009—2019）。

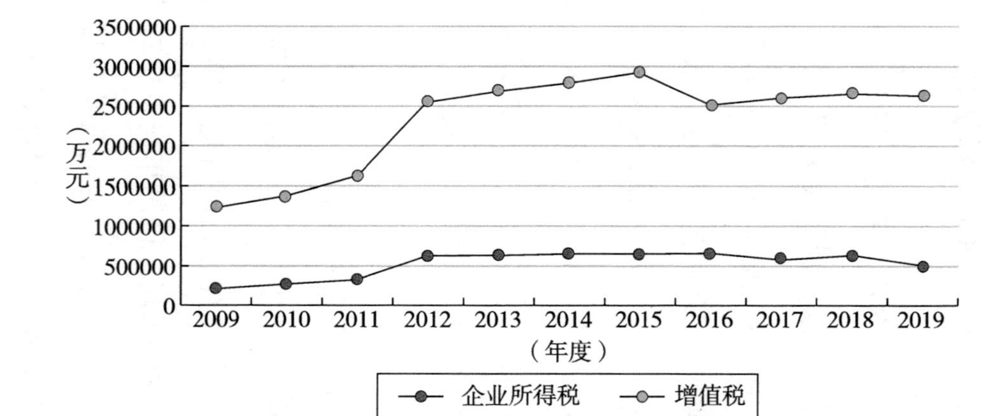

图 4－8　2009—2019 年我国皮革、毛皮、羽毛及其制品和制鞋业“两税”轨迹

注：标＊年份统计的是皮革、毛皮、羽毛（绒）制品业数据。

数据来源：根据表 4－7 数据制图。

皮革、毛皮、羽毛及其制品和制鞋业分开计税，2012 年首次合并统计，加之行业发展迅猛，增值税收入快速增长，企业所得税也相应增加。

2016 年是中国“营改增”全面实施的第一年，3 月 23 日，财政部、国家税务总局发布《关于全面推开营业税改征增值税试点的通知》，对“营改增”试点过渡政策、跨境应税行为适用增值税零税率和免税政策做出了新的规定。5 月 6 日，国家税务总局公布《营业税改征增值税跨境应税行为增值税免税管理办法（试行）》，进一步针对跨境应税行为减税。为规范和完善促进残疾人就业增值税优惠政策，国家税务总局制定了《促进残疾人就业增值税优惠政策管理办法》，自 2016 年 5 月 1 日起施行，皮革、毛皮、羽毛及其制品和制鞋业属于劳动密集型产业，也可以享受到该政策的红利。综合以上因素，2016 年中国皮革、毛皮、羽毛及其制品和制鞋业增值税收入大幅度下降。在此之后，行业发展政策出台较少，该行业“两税”收入变化不大，但随着我国国内经济增速变缓，中美贸易摩擦加剧，2019 年该行业增值税与企业所得税收入受国内经济和国际竞争形势的影响，出现了小幅下降。

8. 木材加工和木、竹、藤、棕、草制品业

我国木材加工和木、竹、藤、棕、草制品业取得长足发展，2018 年该行业销售规模约为 1999.35 亿元，规模以上企业数量有 1580 家。在此背景下，木材加工、人造板制造、木质制品制造及竹、藤、棕、草等制品制造几个细分行业也有显著发展。

表 4－8　2009—2019 年我国木材加工和木、竹、藤、棕、草制品业“两税”数据　单位：万元

年度	2009	2010	2011	2012	2013	2014	2015	2016	2017	2018	2019
企业所得税	76663	119480	126502	131021	138572	151831	141460	185918	205295	197958	184438
增值税	706721	649289	867009	917142	964547	1032659	1117215	1171420	1468082	1785721	1967255

数据来源：《中国税务年鉴》（2009—2019）。

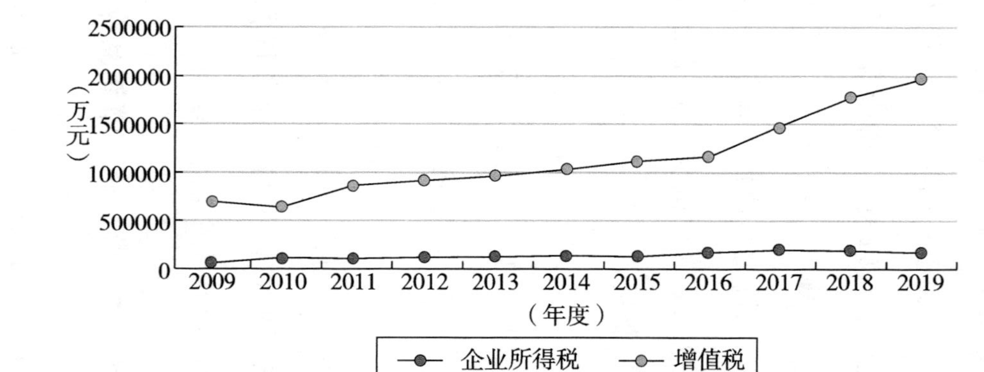

图 4－9　2009—2019 年我国木材加工和木、竹、藤、棕、草制品业“两税”轨迹

数据来源：根据表 4－8 数据制图。

由表4－8和图4－9可以看出，该行业除2010年增值税收入下降外，其他年份增值税收入都处于上升趋势，主要原因有：

（1）房地产业对我国木材加工和木、竹、藤、棕、草制品业有较强的拉动作用。新建房屋需要装修，商品住宅需要地板、沙发、床等，办公楼需要桌子、椅子等办公用品，对这些商品的需求直接刺激了该行业的发展。

（2）改善居住条件的需求不断增加。随着国民生活水平的提高，人们的可支配收入持续增加，人们对居住条件改善有着较强烈的需求，该方面的消费潜力不断被挖掘。

但从表4－8和图4－9中可以看出，该行业企业所得税与增值税收入相差较大，这是因为该行业企业所得税比增值税优惠力度大，相关税收政策如下：

（1）部分细分行业免征、减征企业所得税。《中华人民共和国企业所得税法》第二十七条规定，企业从事农、林、牧、渔业项目的所得，可以免征、减征企业所得税。

（2）资源综合利用企业减按90%计入当年收入总额。根据《关于执行资源综合利用企业所得税优惠目录有关问题的通知》，资源综合利用企业自2008年1月1日起，以目录中所列资源为主要原材料，生产目录内符合国家或行业相关标准的产品取得的收入，在计算应纳税所得时，减按90%计入当年收入总额。

（3）综合利用产品增值税即征即退。根据《关于以三剩物和次小薪材为原料生产加工的综合利用产品增值税即征即退政策的通知》，家具制造业企业享受即征即退政策。

从表4－8和图4－9可以看出，该行业2015年企业所得税收入下降，而增值税收入继续增加。2015年是该行业发展较困难的一年，无论是该行业进出口贸易企业还是该行业生产和销售企业，都受到经济增速放缓、市场需求不旺的影响，利润下滑，下游生产企业生存日益艰难，竞争越发激烈，较多企业出现了亏损。

9. 家具制造业

2009—2019年我国家具制造业“两税”数据及“两税”轨迹分别如表4－9和图4－10所示。

家具制造业指用木材、金属、塑料、竹、藤等材料制作的，具有坐卧、凭倚、储藏、间隔等功能，可用于住宅、旅馆、办公室、学校、餐馆、医院、剧场、公园、船舰、飞机、机动车等任何场所的各种家具的制造。中国是家具生产、消费及出口大国。中国的家具制造业具有明显的区域经济特点，华南、华东、华北和东北等地区集中了大部分家具生产企业。江苏、浙江、上海、广东等省市为我国主要的家具生产基地。我国家具制造业目前面临的主要发展问题有木材资源短缺、行业整合困难、人力成本上升和供给与消费极具区域性等。但是，作为人民群众的刚需行业，该行业发展趋势稳定，行业前景依然广阔。

2012年1月6日，国家税务总局发布《关于一般纳税人销售自己使用过的固定资产增值税有关问题的公告》，增值税一般纳税人销售自己使用过的固定资产在规定情形下，可按简易办法依4%征收率减半征收增值税，同时不得开具增值税专用发票。家具制造业在减税政策下，表现出了与其他行业不同的特点，减税政策间接推动了

表 4－9　2009—2019 年我国家具制造业“两税”数据　单位：万元

年度	2009	2010	2011	2012	2013	2014	2015	2016	2017	2018	2019
企业所得税	107826	163534	187958	198658	213631	218535	242189	286050	340320	407606	406123
增值税	761738	769616	906969	1156084	1176628	1281872	1390008	1378313	1681030	1913378	1908001

数据来源：《中国税务年鉴》（2009—2019）。

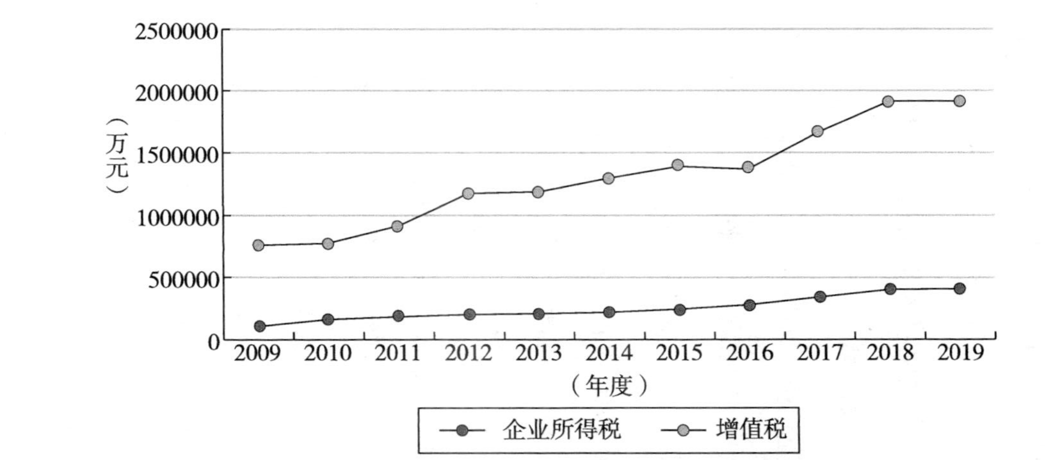

图 4－10　2009—2019 年我国家具制造业“两税”轨迹

数据来源：根据表 4－9 数据制图。

家具制造业发展。2012 年 1—12 月，家具制造业主营业务收入累计同比增长 13.8%，利润总额累计同比增长 19.4%；2013 年 1—12 月，家具制造业主营业务收入累计同比增长 14.3%，利润总额累计同比增长 14.0%；2014 年 1—12 月，家具制造业主营业务收入累计同比增长 10.9%，利润总额累计同比增长 12.5%。伴随着行业发展，家具制造业增值税收入也出现了明显的上浮波动。

2016 年，“营改增”全面实施，家具制造业出现了减税效果，增值税税收增速放缓。2017 年后，得益于供给侧结构性改革，我国城市化进程加快，人民收入水平进一步提高，家具制造业规模化发展。同时，工业化与信息化的融合，促进了我国传统产业转型及改造升级，我国家具制造业从依靠成本竞争向提升服务水平、提高产品科技含量及产品附加值转变，传统家具逐渐向智能家具发展。2017 年 1—12 月，我国家具制造业产销率 98.2%，同比基本持平；出口交货值 1892.3 亿元，累计同比增长 8%。12 月当月，家具制造业产销率 98.7%，同比增长 0.5%；出口交货值 201.8 亿元，同比增长 8.7%，增值税收入大幅上涨。

相较于增值税，《中华人民共和国企业所得税法》第二十八条规定，符合条件的小型微利企业，减按 20% 的税率征收企业所得税。《中华人民共和国企业所得税法实施条例》第九十五条规定，企业为开发新技术、新产品、新工艺发生的研究开发费用，未形成无形资产计入当期损益的，在按照规定据实扣除的基础上，按照研究开发费用的 50% 加计扣除；形成无形资产的，按照无形资产成本的 150% 摊销。《中华人民共和国企业所得税法》第九条规定，企业发生的公益性捐赠支出，在年度利润总额 12% 以内的部分，准予在计算应纳税所得额时扣除；超过年度利润总额 12% 的部分，准予结转以后三年内在计算应纳税所得额时扣除。企业所得税方面，我国多项减税措施并举，但在家具制造业实施效果并不明显，我国家具制造业企业所得税收入长期处于增长状态。

10. 造纸和纸制品业

2009—2019 年我国造纸和纸制品业“两税”数据及“两税”轨迹分别如表 4－10 和图 4－11 所示。

造纸和纸制品业属于传统高污染行业，受环保政策和环保执法影响较大。目前中国造纸和纸制品业产量受废纸、配套电厂、排污许可证等因素制约。如表 4－10 和图 4－11 所示，除 2011 年我国造纸和纸制品业增值税收入下降、企业所得税收入上升及 2019 年二者均大幅度下滑外，其他年份二者均基本呈上升趋势，并且 2017—2018 年上升幅度较大。

2016—2018 年，得益于供给侧结构性改革和行业“去产能”，我国造纸和纸制品业发展较好。2017 年环保政策趋严，使得该行业供需仅平衡延续，再加上废纸进口政策调整，原材料价格上涨，进一步推动纸价上涨。2018 年之后，预期过高的造纸板块开始了回调之路。

2019 年受市场信心不足和市场趋势影响，我国造纸和纸制品业实现营业收入 13370.1 亿元，同比下降 3%，利润总额 689.1 亿元，同比下降 9.1%。截至 2019 年年底，造纸和纸制品业共有企业 6688

表 4－10　2009—2019 年我国造纸和纸制品业“两税”数据　单位：万元

年度	2009	2010	2011	2012	2013	2014	2015	2016	2017	2018	2019
企业所得税	325571	473622	582620	619279	704270	729728	764040	770676	1022254	1283151	991962
增值税	1646009	1801563	1784668	2027726	2155426	2154161	2193714	2417284	3084687	3462031	2950770

数据来源：《中国税务年鉴》（2009—2019）。

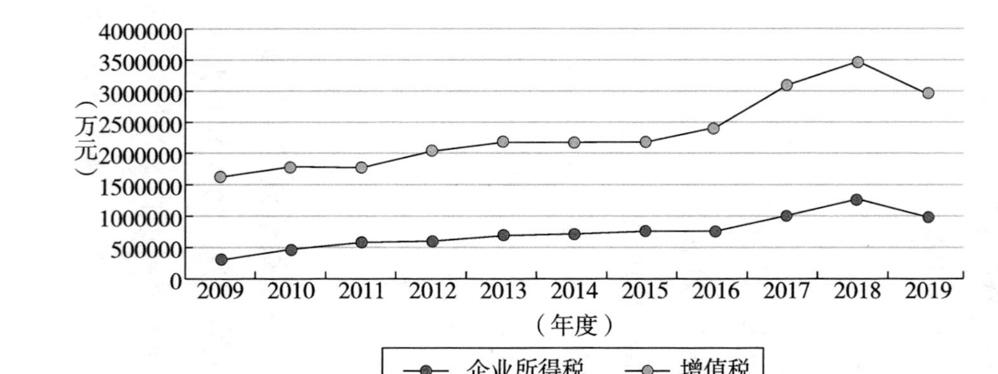

图 4－11　2009—2019 年我国造纸和纸制品业“两税”轨迹

数据来源：根据表 4－10 数据制图。

家，比2018年年底减少了16家；亏损企业1151家，比2018年年底增加了110家，亏损比例达到了17.2%，比例有所扩大。从利润总额和亏损企业数量来看，造纸和纸制品业2019年度发展不容乐观。

2015年6月，财政部、国家税务总局发布《关于印发〈资源综合利用产品和劳务增值税优惠目录〉的通知》，文件附件《资源综合利用产品和劳务增值税优惠目录》中与造纸和纸制品业有关的规定如下：

（1）自2015年7月1日起，废水排放符合《制浆造纸工业水污染物排放标准》（GB3544—2008）规定的技术要求，纳税人符合《制浆造纸行业清洁生产评价指标体系》规定的技术要求，纳税人通过ISO9000、ISO14000认证并且产品原料70%以上来自废纸、农作物秸秆的制浆造纸厂在销售纸张（包括纸浆、秸秆浆和纸）时将享受增值税即征即退的优惠，优惠幅度为50%。

（2）自2015年7月1日起，生产蔗渣浆及各类纸的纳税人符合国家发展改革委、环境保护部、工业和信息化部《制浆造纸行业清洁生产评价指标体系》规定的技术要求并且产品原料70%以上来自蔗渣的造纸生产商（产品包括蔗渣浆、蔗渣刨花板和纸）在销售纸张时将享受增值税即征即退的优惠，优惠幅度为50%。

（3）自2015年7月1日起，产品原料95%以上来自三剩物、次小薪材、农作物秸秆、沙柳的造纸厂在生产销售箱板纸等时，将享受增值税即征即退的优惠，优惠幅度为70%。

11. 印刷和记录媒介复制业

2009—2019年我国印刷和记录媒介复制业“两税”数据及“两税”轨迹分别如表4-11和图4-12所示。

印刷和记录媒介复制业可以细分为印刷、装订及印刷相关服务、记录媒介复制几个行业，其中印刷又可细分为书、报刊印刷以及本册印制、包装装潢及其他印刷。印刷业作为我国新闻出版业的重要组成部分，是文化产业的主要载体之一，兼具文化产业和加工工业的双重属性，是我国国民经济重要的产业部门。2012年年底，我国印刷和记录媒介复制业企业超过10.44万家，从业人员344.13万余人。中国已经成为全球重要的印刷加工基地，印刷和记录媒介复制业产量增长较快，规模企业实力显现，绿色印刷稳步推进，数字印刷发展迅猛。

伴随着国民经济平稳较快的发展，我国印刷和记录媒介复制业也持续保持高速增长，2015年前，该行业增值税收入一直稳步增长。2011年，财政部、国家税务总局发布《关于继续实施小型微利企业所得税优惠政策的通知》，为巩固和扩大应对国际金融危机冲击的成果，发挥小微企业在促进经济发展、增加就业等方面的积极作用，经国务院批准，2011年继续实施小型微利企业所得税优惠政策。2011年，财政部、国家税务总局发布《关于小型微利企业所得税优惠政策有关问题的通知》，自2012年1月1日至2015年12月31日，对年应纳税所得额低于6万元（含6万元）的小型微利企业，其所得减按50%计入应纳税所得额，按20%的税率缴纳企业所

表 4－11　2009—2019 年我国印刷和记录媒介复制业“两税”数据　单位：万元

年度	2009	2010	2011	2012	2013	2014	2015	2016	2017	2018	2019
企业所得税	368932	431898	511985	503084	582031	563931	514645	514531	535473	578718	570532
增值税	1107874	1129167	1254006	1375448	1471611	1498820	1540247	1505299	1573911	1606903	1538010

数据来源：《中国税务年鉴》(2009—2019)。

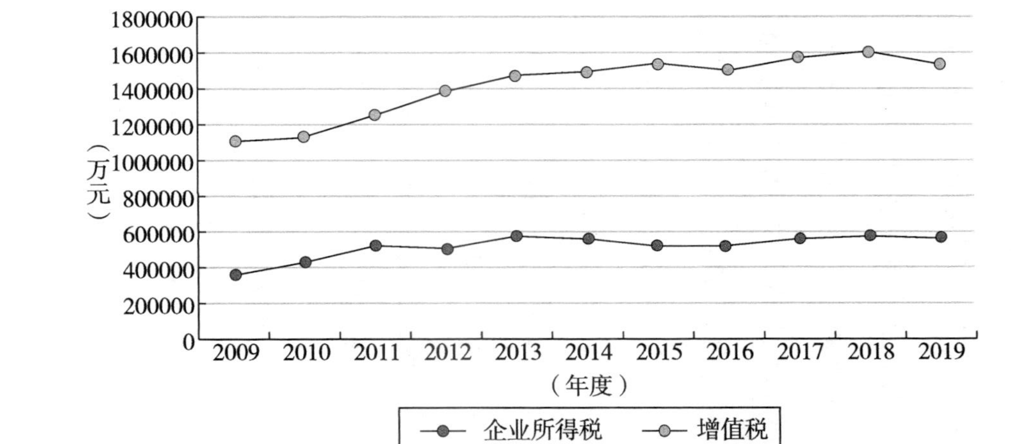

图 4－12　2009—2019 年我国印刷和记录媒介复制业“两税”轨迹

数据来源：根据表 4－11 数据制图。

得税。以上两项政策对我国印刷和记录媒介复制业小微企业减税效果明显，2012 年该行业企业所得税收入小幅降低，与增值税收入增长的情况出现背离。

2014 年，国家税务总局发布《关于商业零售企业存货损失税前扣除问题的公告》，政策惠及印刷和记录媒介复制业。财政部、国家税务总局发布《关于小型微利企业所得税优惠政策有关问题的通知》，进一步减免小型微利企业企业所得税。2016 年，财政部、国家税务总局、民政部联合发布《关于生产和装配伤残人员专门用品企业免征企业所得税的通知》，政策对劳动密集程度较高的印刷和记录媒介复制业也起到一定的税收优惠效果。企业所得税收入在相关政策的影响下，自 2014 年至 2016 年缓速下降，之后几年趋于稳定。而增值税方面，2016 年“营改增”的全面推行大幅减免了该行业的增值税，当年该行业便实现了增值税收入下降。2018 年后我国经济增速变缓，行业发展减慢速度，该行业增值税收入在 2019 年回落，总的来说，在“十三五”期间，我国印刷和记录媒介复制业“两税”收入变化不大。

12. 文教、工美、体育和娱乐用品制造业

2009—2019 年我国文教、工美、体育和娱乐用品制造业“两税”数据及“两税”轨迹分别如表 4－12 和图 4－13 所示。

在我国 30 多个制造业类别中，文教、工美、体育和娱乐用品制造业是地区集中度最高的行业，在我国呈现出南强北弱、东强西弱的差异化分布特点。目前，我国文教、工美、体育和娱乐用品制造业主要集中在东部沿海发达地区，广东、福建、江苏、浙江和上海

表 4-12　2009—2019 年我国文教、工美、体育和娱乐用品制造业“两税”数据　单位：万元

年度	2009	2010	2011	2012	2013	2014	2015	2016	2017	2018	2019
企业所得税	72357	107704	127969	403888	349530	355602	332371	390735	476563	406246	431972
增值税	558253	505630	598548	1570732	1614867	1666703	1718418	1579783	1846637	1950233	1923603

数据来源：《中国税务年鉴》（2009—2019）。

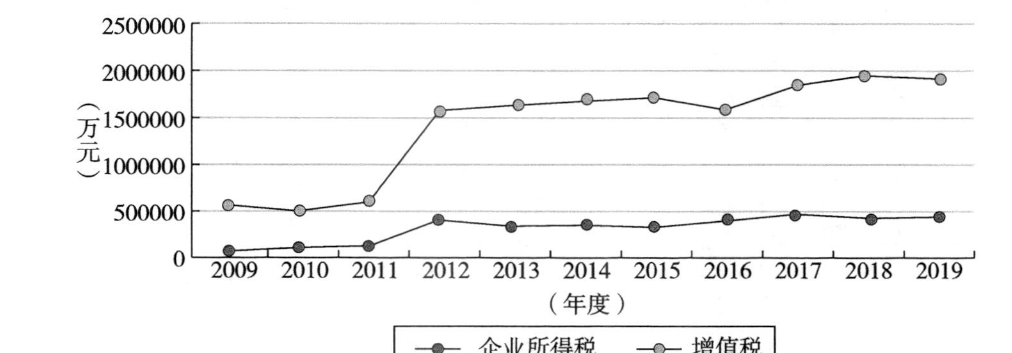

图 4-13　2009—2019 年我国文教、工美、体育和娱乐用品制造业“两税”轨迹

数据来源：根据表 4-12 数据制图。

是该行业体育用品产量排名前五的省市，这五个省市的体育用品产量占全国体育用品总产量的85%。据统计，2019年，全国文教、工美、体育和娱乐用品制造业完成营业收入3094.37亿元。

从表4－12和图4－13中可以看出，2012年该行业企业所得税和增值税收入均出现大幅上涨，这主要是受国家宏观政策的影响。2011年10月18日党的十七届六中全会审议通过的《中共中央关于深化文化体制改革　推动社会主义文化大发展大繁荣若干重大问题的决定》中提到“加快发展文化产业，推动文化产业成为国民经济支柱性产业”。国家宏观政策的提出，促使该行业爆发式增长，2011年和2012年该行业相关数据如下：2011年该行业销售收入为3275.25亿元，2012年该行业销售收入为9714.07亿元，同比增长196.6%；2011年该行业利润总额为160.76万元，2012年该行业利润总额为501.71亿元，同比增长213.1%；2011年该行业总资产为1772.31亿元，2012年该行业总资产为4647.3亿元，同比增长162.2%。

2016年该行业增值税收入下降而企业所得税收入提升，分析其原因，是“营改增”的全面推行。2016年，“营改增”全面推行，营业税是流转税，只要有流转环节就要征税，流转环节越多，重复征税现象就越严重，而“营改增”的最大特点是减少了企业重复征税，这有利于减轻企业税负。

2015年，财政部、国家税务总局发布《关于进一步完善固定资产加速折旧企业所得税政策的通知》，涉及文教、工美、体育和娱乐用品制造业的规定有：

（1）对轻工（包含文教、工美、体育和娱乐用品制造业）、纺织、机械、汽车四个领域重点行业的企业 2015 年 1 月 1 日后新购进的固定资产，可由企业选择缩短折旧年限或采取加速折旧的方法。

（2）对上述行业的小型微利企业 2015 年 1 月 1 日后新购进的研发和生产经营共用的仪器、设备，单位价值不超过 100 万元的，允许一次性计入当期成本费用在计算应纳税所得额时扣除，不再分年度计算折旧；单位价值超过 100 万元的，可由企业选择缩短折旧年限或采取加速折旧的方法。

13. 石油、煤炭及其他燃料加工业

2009—2019 年我国石油、煤炭及其他燃料加工业"两税"数据及"两税"轨迹分别如表 4－13 和图 4－14 所示。

石油、煤炭及其他燃料是国家能源的主要组成部分，石油、煤炭及其他燃料加工业是第二产业的核心部分，其可以细分为精炼石油产品制造、煤炭加工、核燃料加工、生物质燃料加工几个行业。

进入 21 世纪，我国经济迅猛发展，对石油、煤炭及其他燃料的需求长期保持增长态势。中国是全球最大的能源消费国，作为主要能源生产行业，该行业处于整个产业链的中游，对上下游产业均具有较强的牵制作用，2010 年该行业增值税收入大幅上涨，以后几年该行业增值税收入一直维持在较高水平。

2015 年是我国能源行业的变革之年，国家税务总局发布《关于执行〈西部地区鼓励类产业目录〉有关企业所得税问题的公告》，旨在深入实施西部大开发战略，促进西部地区产业结构调整和特色

表 4 – 13　　2009—2019 年我国石油、煤炭及其他燃料加工业“两税”数据　　单位：万元

年度	2009	2010	2011	2012	2013	2014	2015	2016	2017	2018	2019
企业所得税	714608	1126851	1449075	963454	1112943	896169	858901	1934353	2884519	3966316	2993448
增值税	6507370	9548270	9724450	9392264	10027782	10052374	12038960	12767173	13986541	13868706	11036945

数据来源：《中国税务年鉴》（2009—2019）。

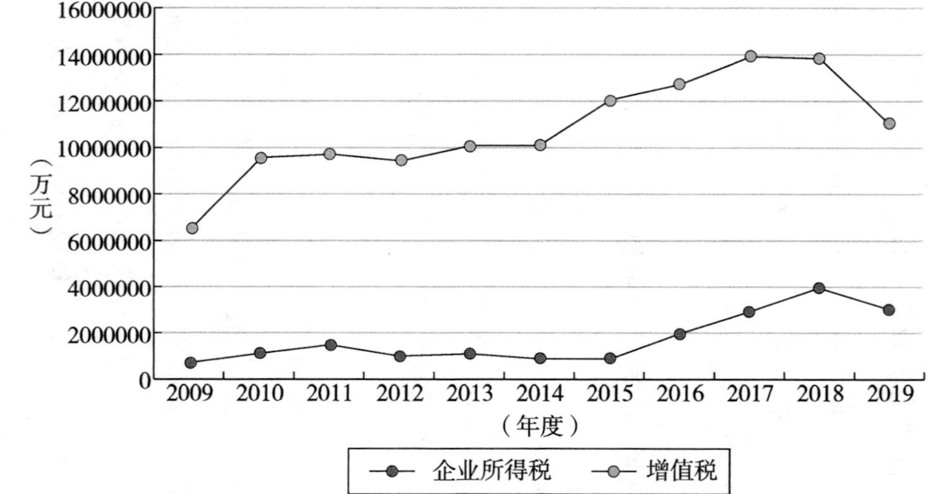

图 4 – 14　2009—2019 年我国石油、煤炭及其他燃料加工业“两税”轨迹

数据来源：根据表 4 – 13 数据制图。

优势产业发展。在我国主要能源产地西部地区，部分企业在企业所得税方面实现了一定程度的减税。2015 年 12 月，国家税务总局发布《关于中国石油天然气股份有限公司企业所得税多缴税款退税问题的批复》，虽然政策只针对中国石油天然气股份有限公司一家企业，并且针对的是以前年度的企业所得税，但是也对行业给出了提示信号，即国家在政策上会长期支持石油、煤炭及其他燃料加工业企业减轻企业所得税。2015 年 6 月，财政部、国家税务总局发布了《资源综合利用产品和劳务增值税优惠目录》，进一步推动资源综合利用和节能减排，规范和优化增值税政策。2015 年 11 月，财政部、国家税务总局发布了《关于煤炭采掘企业增值税进项税额抵扣有关事项的通知》，该通知统一了煤炭采掘企业增值税进项税额抵扣政策，对有关事项做出了进一步的明确规定。2015 年 10 月的中国共产党第十八届中央委员会第五次全体会议公报，也为中国能源行业的变革指明了方向——推动低碳循环发展，建设清洁低碳、安全高效的现代能源体系，实施近零碳排放区示范工程。

2016 年 10 月以来，国家发展改革委相继出台《天然气管道运输价格管理办法（试行）》《天然气管道运输定价成本监审办法（试行）》《关于明确储气设施相关价格政策的通知》，明确提出由政府监管具有垄断性质的管输环节，实施管输和销售业务相分离，鼓励社会资本参与管道和储气库建设等一系列有利于基础设施第三方公平准入的政策措施，天然气市场改革稳步进行。2016 年，我国原油产量四年来首次下降，净进口量首次超过美国，成品油出口量激增，汽油、柴油出口量急剧扩大，天然气进口量快速增加，消费增速明显回升，储气库建设取得一定进展，该行业迎来了三年的黄金发展期，“两税”收入同步增长，增速明显。

我国石油产业对外依存度较高，2018 年以来，中美贸易摩擦加剧，中国企业境外业务拓展和经营风险加剧，国际宏观经济形势下行，国际成品油需求大幅下降，美国页岩油气增产远超预期，对国际油价起到了至关重要的影响，也削弱了 OPEC（石油输出国组织）对国际原油市场的影响力。我国国内经济也呈现下行趋势，随着环保法规的不断出台，国内燃料企业需要在环保上做出较大调整，承担起相应的社会责任，加之新能源的发展，我国石油、煤炭及其他燃料加工业发展备受影响，该行业“两税”收入同步降低。

14. 化学原料和化学制品制造业

2009—2019 年我国化学原料和化学制品制造业“两税”数据及“两税”轨迹分别如表 4 - 14 和图 4 - 15 所示。

化学原料和化学制品制造业细分行业众多，企业数量庞大，在我国国民经济发展中占据着重要地位。我国化学原料和化学制品制造业产能主要集中在中低端领域，呈现过剩状态，而高端产品、特种产品产能不足，行业整体呈现结构性产能过剩发展状况。

由表 4 - 14 和图 4 - 15 可以看出，我国化学原料和化学制品制造业增值税收入 2009—2017 年处于上升状态，2018 年和 2019 年连续两年下降，下降原因如下：

（1）营业收入连续下降。2018 年中国化学原料和化学制品制造业营业收入为 72066 亿元，同比减少 12%；2019 年中国化学原料和

表 4 - 14　2009—2019 年我国化学原料和化学制品制造业“两税”数据　单位：万元

年度	2009	2010	2011	2012	2013	2014	2015	2016	2017	2018	2019
企业所得税	1837829	2688884	4200792	3786805	3647356	4058827	4193912	4521717	6066969	8125779	7069951
增值税	6827771	7925114	8820667	9006255	9147606	9641688	9975047	10562627	12879446	12670973	12283454

数据来源：《中国税务年鉴》（2009—2019）。

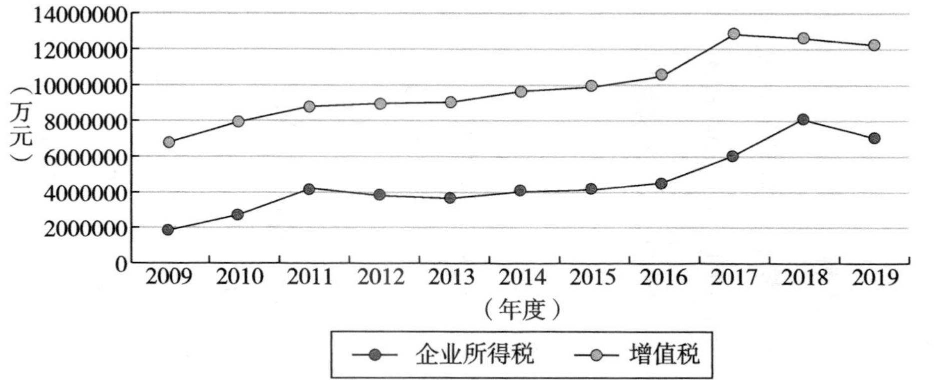

图 4 - 15　2009—2019 年我国化学原料和化学制品制造业“两税”轨迹

数据来源：根据表 4 - 14 数据制图。

化学制品制造业营业收入为66225亿元，同比减少8.1%。

（2）该行业纳入退还增值税期末留抵税额行业目录。根据财政部、税务总局发布的《关于2018年退还部分行业增值税留抵税额有关税收政策的通知》，化学原料和化学制品制造业纳入《2018年退还增值税期末留抵税额行业目录》。

化学原料和化学制品制造业企业所得税收入在2019年也下降了，这主要是因为化学原料和化学制品制造业利润总额下降。2018年中国化学原料和化学制品制造业利润总额为5146亿元，同比减少11.9%；2019年中国化学原料和化学制品制造业利润总额为3797亿元，同比减少26.2%。

化学原料和化学制品制造业有较多中小型科技企业和部分高新技术企业，这些企业可享受相关税收优惠：

（1）2015年6月9日，财政部、国家税务总局发布了《关于高新技术企业职工教育经费税前扣除政策的通知》，规定高新技术企业发生的职工教育经费支出，不超过工资薪金总额8%的部分，准予在计算企业所得税应纳税所得额时扣除。

（2）2017年5月2日，财政部、国家税务总局、科技部发布了《关于提高科技型中小企业研究开发费用税前加计扣除比例的通知》，规定科技型中小企业开展研发活动中实际发生的研发费用，未形成无形资产计入当期损益的，在按规定据实扣除的基础上，在2017年1月1日至2019年12月31日期间，再按照实际发生额的75%在税前加计扣除；形成无形资产的，在上述期间按照无形资产成本的175%在税前摊销。

（3）2017 年 6 月 19 日，国家税务总局发布了《关于实施高新技术企业所得税优惠政策有关问题的公告》，规定企业的高新技术企业资格期满当年，在通过重新认定前，其企业所得税暂按 15% 的税率预缴，在年底前仍未取得高新技术企业资格的，应按规定补缴相应期间的税款。

15. 医药制造业

2009—2019 年我国医药制造业“两税”数据及“两税”轨迹分别如表 4－15 和图 4－16 所示。

医药制造业是我国制造业的重要组成部分，其发展状况和国内经济状况、国际经济状况、国民生活水平息息相关。医药制造业可以细分为化学药品原料药制造、化学药品制剂制造、中药饮片加工、中成药生产、兽用药品制造、生物药品制品制造、卫生材料及医药用品制造、药用辅料及包装材料制造几个行业。医药制造业的新药研发投入大、风险高、耗时长、成功率低，并且新药具有一定的生命周期，所以医药企业一旦研发成功一种重磅药或者特效药，肯定会获取高额利润。

20 世纪以来，中国人口平稳增加，且人口老龄化日益严重，医药制造业市场前景广阔，作为关乎人民生活福祉的重要行业，国家对其一直以来都是持政策支持态度。医药制造业由于其特有的行业性质和特点，长期以来稳定发展，从 2008 年开始，中国的各项重大减税政策大都覆盖了医药制造业。

表 4－15　2009—2019 年我国医药制造业“两税”数据

单位：万元

年度	2009	2010	2011	2012	2013	2014	2015	2016	2017	2018	2019
企业所得税	892446	1247718	1497059	1788478	1980129	2321879	2645898	2994314	3418572	3825801	4020830
增值税	3467286	3881181	4332512	5446154	6093750	6706262	7420861	8067730	9141028	10299951	9950672

数据来源：《中国税务年鉴》（2009—2019）。

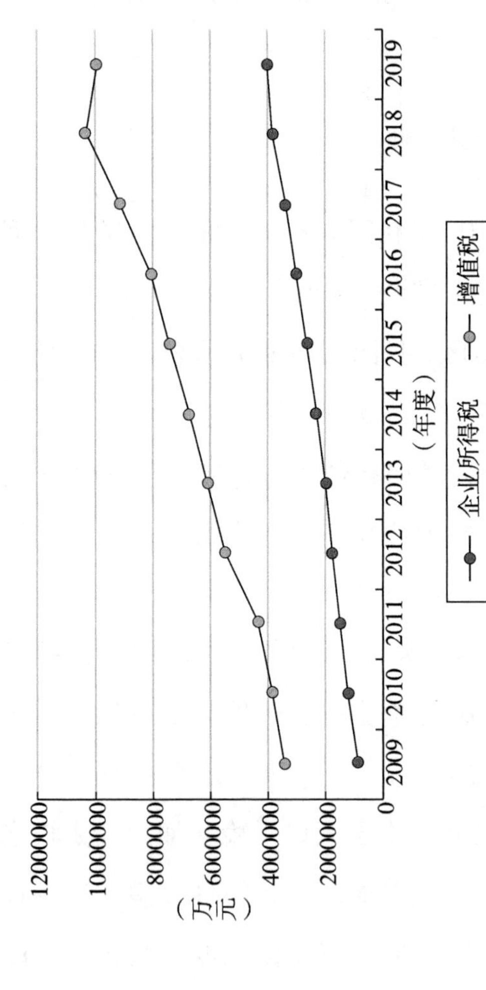

图 4－16　2009—2019 年我国医药制造业“两税”轨迹

数据来源：根据表 4－15 数据制图。

（1）增值税方面

2009 年，财政部、国家税务总局发布了《关于部分货物适用增值税低税率和简易办法征收增值税政策的通知》，规定自 2009 年 1 月 1 日起，一般纳税人销售自产的用微生物、微生物代谢产物、动物毒素、人或动物的血液或组织制成的生物制品，可选择按照简易办法依照 6% 征收率计算缴纳增值税。2014 年，财政部、国家税务总局发布了《关于简并增值税征收率政策的通知》，规定自 2014 年 7 月 1 日起，征收率由 6% 调整为 3%。2015 年，财政部、国家税务总局发布了《关于创新药后续免费使用有关增值税政策的通知》，规定自 2015 年 1 月 1 日起，药品生产企业销售自产创新药的销售额，为向购买方收取的全部价款和价外费用，其提供给患者后续免费使用的相同创新药，不属于增值税视同销售范围。并且，根据《关于抗癌药品增值税政策的通知》《关于罕见病药品增值税政策的通知》，生产销售和批发、零售抗癌药品、罕见病药品，增值税一般纳税人可选择简易办法按照 3% 征收率计算缴纳增值税。2019 年，财政部、国家税务总局发布了《关于延续免征国产抗艾滋病病毒药品增值税政策的公告》，规定自 2019 年 1 月 1 日至 2020 年 12 月 31 日，继续对国产抗艾滋病病毒药品免征生产环节和流通环节增值税。

（2）企业所得税方面

由于医药制造业大部分企业都从事医药研发，高新科技型企业比较多，所以中国针对小微企业、技术企业的减税政策也会对医药制造业企业产生减税作用。根据《关于技术转让所得减免企业所得税有关问题的通知》，自 2008 年 1 月 1 日起，居民企业技术转让所得不超过500万元的部分免税，超过500万元的部分享受减半征税的优惠。根据财政部、国家税务总局发布的《关于将国家自主创新示范区有关税收试点政策推广到全国范围实施的通知》，自2016年1月1日起，全国范围内的中小高新技术企业以未分配利润、盈余公积、资本公积向个人股东转增股本时，个人股东一次缴纳个人所得税确有困难的，可根据实际情况自行制定分期缴税计划，在不超过5个公历年度内（含）分期缴纳，并将有关资料报主管税务机关备案。根据财政部、国家税务总局、科技部发布的《关于企业委托境外研究开发费用税前加计扣除有关政策问题的通知》，企业委托境外企业进行研发活动所发生的费用，按照费用实际发生额的80%计入委托方的委托境外研发费用。委托境外研发费用不超过境内符合条件的研发费用2/3的部分，可以按规定在企业所得税前加计扣除。根据财政部、国家税务总局、科技部发布的《关于提高研究开发费用税前加计扣除比例的通知》，企业开展研发活动中实际发生的研发费用，未形成无形资产计入当期损益的，在按规定据实扣除的基础上，在2018年1月1日至2020年12月31日期间，再按照实际发生额的75%在税前加计扣除；形成无形资产的，在上述期间按照无形资产成本的175%在税前摊销，其政策适用对象范围从科技型中小企业扩大到全体企业。根据财政部和国家税务总局《关于扩大固定资产加速折旧优惠政策适用范围的公告》，自2019年1月1日起，固定资产加速折旧优惠的行业范围扩大至全部制造业领域。

总的来说，医药制造业长期发展趋势稳定，行业增长带来的“两税”收入增长已经“掩盖”了减税效应，我国医药制造业除

2019 年发展增速减缓导致增值税收入短暂回落以外，其余年份“两税”收入基本同步增长。从未来发展趋势来看，人口老龄化、居民收入水平提高以及城镇化水平提高等，均有效保证了我国医药制造业刚性需求的稳步增长，加之医疗改革不断深化和国家政策不断推出，该行业发展前景必然良好。

16. 化学纤维制造业

2009—2019 年我国化学纤维制造业“两税”数据及“两税”轨迹分别如表 4 - 16 和图 4 - 17 所示。

化学纤维是以天然高分子化合物或人工合成的高分子化合物为原料，经制备纺丝原液、纺丝和后处理等工序而得的具有纺织性能的纤维。化学纤维可分为再生纤维和合成纤维。

由表 4 - 16 和图 4 - 17 可以看出，2009—2013 年，我国化学纤维制造业企业所得税和增值税“两税”收入在经历了两年快速上升后快速下降。受下游纺织服装、服饰业消费需求回暖以及棉花价格上涨等因素的影响，我国的化学纤维制造业在 2009—2011 年经历了近年来少有的“大牛市”。该行业企业积极应对国内外环境复杂多变的形势，取得较好的成绩，行业运行态势基本稳定，但产量、出口、开工率、利润总额、投资额等主要指标的增长速度均呈现出前高后低、逐渐减慢的走势。

2011 年 1—12 月，全国化学纤维制造业产量达 3362 万吨，同比增长 13.87%。2011 年年末，我国化学纤维制造业企业数量达 1557 家，行业总资产达 4861.7 亿元，同比增长 17.03%。2011 年，我国

表 4－16　2009—2019 年我国化学纤维制造业“两税”数据　单位：万元

年度	2009	2010	2011	2012	2013	2014	2015	2016	2017	2018	2019
企业所得税	74135	194588	393629	225152	138589	208010	255720	268617	389003	473303	449194
增值税	553919	680306	761260	647749	605283	676135	817887	797167	963789	783613	781224

数据来源：《中国税务年鉴》（2009—2019）。

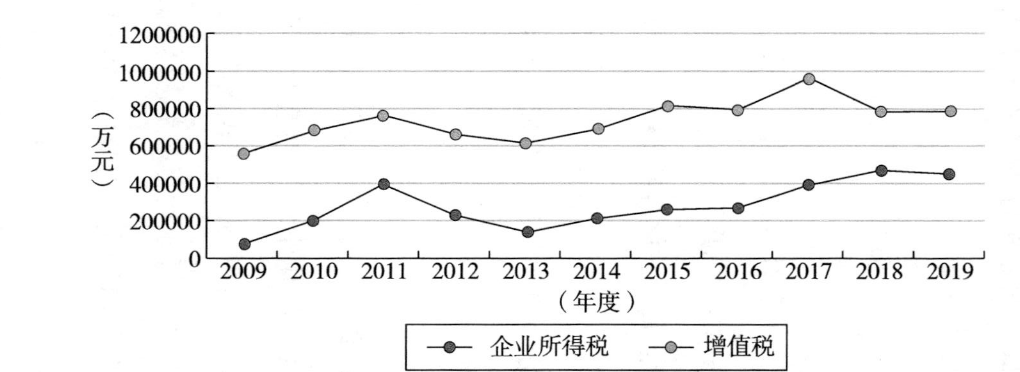

图 4－17　2009—2019 年我国化学纤维制造业“两税”轨迹

数据来源：根据表 4－16 数据制图。

化学纤维制造业规模以上企业实现主营业务收入6330.88亿元，同比增长29.39%；实现利润总额320.6亿元，同比增长1.49%。

2013—2017年该行业处于整体上升趋势，这得益于相关政策的颁布：

（1）2013年3月，国家发展改革委在《产业结构调整指导目录（2011年本）（修正）》中提到：鼓励溶体直纺在线添加等连续化工艺生产差别化、功能性纤维（抗静电、抗紫外、有色纤维等）；鼓励智能化、超仿真等差别化、功能性聚酯（PET）及纤维生产（东部地区限于技术改造）腈纶、锦纶、氨纶、粘胶纤维等其他化学纤维品种的差别化、功能性改性纤维生产。

（2）2016年9月，工信部在《纺织工业发展规划（2016—2020年）》中提到："十三五"时期纺织工业发展的五大重点领域，具体是增强化纤行业创新开发能力、拓展产业用纺织品应用、提升天然纤维开发利用水平、推动服装家纺行业模式创新、提高高端纺织机械制造质量。

（3）2016年11月，工信部、国家发展改革委联合制定的《化纤工业"十三五"发展指导意见》中提到：优化产品结构，提升产品质量；着力提高常规化纤多种改性技术和新产品研发水平，重点改善涤纶、锦纶、再生纤维素纤维等常规纤维的阻燃、抗菌、耐化学品、抗紫外等性能，提高功能性、差别化纤维品种比重。

（4）2016年12月，工信部、国家发展改革委在《产业用纺织品行业"十三五"发展指导意见》中提到：建立完善交通工具用纺织品、过滤用纺织品、医疗卫生用纺织品产业技术创新联盟，提升信息技术交流、技术咨询推广、产品应用示范、质量标准检测等服务能力；重点发展基础设施建设配套产业用纺织品等。

（5）2017 年 1 月，国家发展改革委发布《战略性新兴产业重点产品和服务指导目录（2016 版）》，抗菌抑菌纤维材料、抗静电纺织材料、防刺防割布料等新型化学纤维及功能纺织材料被列入目录。

（6）2017 年 12 月，国家发展改革委在《新材料关键技术产业化实施方案》中提到：重点发展土工建筑纺织材料，高端医卫非织造材料及制品，高性能安全防护纺织材料，高温过滤纺织材料等产品。

2018 年化学纤维制造业增值税收入大幅下滑，2019 年化学纤维制造业企业所得税收入下降，这和该行业企业近两年利润总额变化情况相关：2018 年中国化学纤维制造业利润总额开始下滑，为 394 亿元，同比减少 9. 8%；2019 年中国化学纤维制造业利润总额为 363 亿元，同比减少 7. 9%。

另外，《关于〈国家税务总局关于明确先进制造业增值税期末留抵退税征管问题的公告〉的解读》中提到，自 2021 年 4 月 1 日起，将运输设备、电气机械、仪器仪表、医药、化学纤维等制造业企业纳入先进制造业企业增值税留抵退税政策范围，实行按月全额退还增量留抵税额。

17. 橡胶和塑料制品业

2009—2019 年我国橡胶和塑料制品业“两税”数据及“两税”轨迹分别如表 4 – 17 和图 4 – 18 所示。

表 4－17　　2009—2019 年我国橡胶和塑料制品业“两税”数据　　单位：万元

年度	2009*	2010*	2011*	2012	2013	2014	2015	2016	2017	2018	2019
企业所得税	788196	1155930	1400611	1369448	1512926	1692163	1693506	1797549	1964572	2044681	1829644
增值税	3672097	3786335	4279664	4834333	5169586	5402042	5971945	5939093	6768860	7069153	7197631

数据来源：《中国税务年鉴》（2009—2019）。

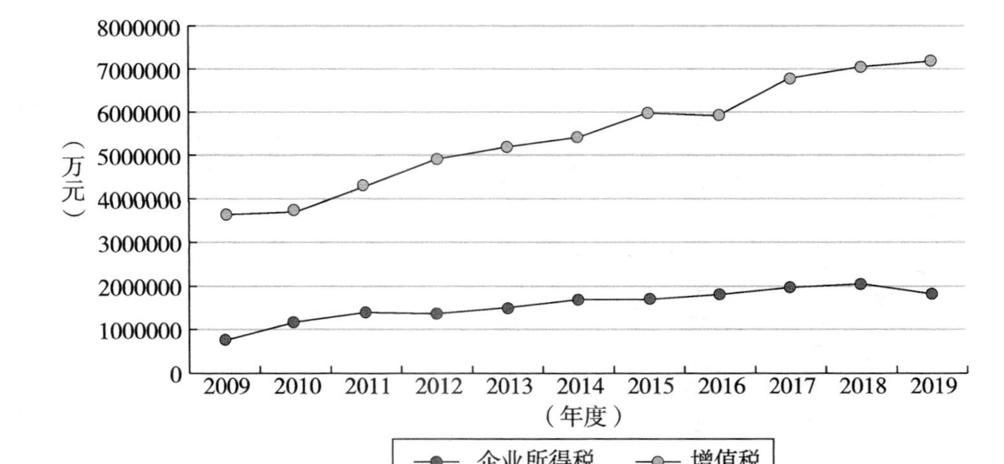

图 4－18　2009—2019 年我国橡胶和塑料制品业“两税”轨迹

注：标＊年份橡胶制品业、塑料制品业相关数据分别统计，此处取二者之和。

数据来源：根据表 4－17 数据制图。

橡胶和塑料制品业分为橡胶制品业和塑料制品业，这两个细分行业的税收在2012年之前是分开统计的，2012年开始合并统计。橡胶制品业指以天然及合成橡胶为原料生产各种橡胶制品的活动，还包括利用废橡胶再生产橡胶制品的活动，不包括橡胶鞋制造。塑料制品业指以合成树脂（高分子化合物）为主要原料，经采用挤塑、注塑、吹塑、压延、层压等工艺加工成型的各种制品的生产，以及利用回收的废旧塑料加工再生产塑料制品的活动，不包括塑料鞋制造。

本书该行业的增值税统计数据，2009—2011年采用《中国税务年鉴》橡胶制品业和塑料制品业两个行业的增值税统计数据之和，2012年之后采用《中国税务年鉴》橡胶和塑料制品业统计数据。

橡胶制品业是国民经济重要的基础性产业之一，日常生活中需要橡胶产品，采掘、交通、建筑、机械、电子等重工业和新兴产业也需要橡胶产品。塑料制品业更是推动了现代社会发展，塑料制品广泛应用于航空、航天、通信工程、计算机、军事以及农业、轻工业等各行各业。我国塑料制品产量在世界排名中始终位于前列，其中多种塑料制品产量已经位居全球首位。我国是世界上塑料制品生产大国，广阔的市场造就了我国橡胶和塑料制品业庞大的产业规模，该行业增值税和企业所得税收入长期处于较高水平，且该行业受我国减税政策影响不大，但受国际宏观环境和我国国家发展战略的影响较大。橡胶和塑料制品业污染性高，不可降解材料多，我国从2008年开始“限塑令”不断收紧，这对该行业产生长期影响。

从2016年开始，国家大力推动资源循环利用战略。我国工业和信息化部制定的《工业绿色发展规划（2016—2020年）》，提出加快推动再生资源高效利用及产业规范发展，加快先进适用回收利用技术和装备推广应用，构建区域再生资源回收利用体系，到2020年主要再生资源利用率达到75%等。2017年发布的《关于推进资源循环利用基地建设的指导意见》，提出到2020年在全国范围内布局建设50个左右资源循环利用基地，基地服务区域的废弃物资源化利用率提高30%以上，探索形成一批与城市绿色发展相适应的废弃物处理模式。2019年发布的《产业结构调整指导目录（2019年本）》中，提出鼓励废旧木材、废旧电器电子产品、废印刷电路板、废旧电池、废塑料、废橡胶等废旧物资等资源循环再利用技术、设备开发及应用。废弃橡胶、塑料行业的发展推动了橡胶和塑料制品业整个行业的发展，加之国家供给侧结构性改革，调结构，促发展，该行业迎来了新的发展机遇，从2016年开始，我国橡胶和塑料制品业增值税和企业所得税收入稳定增加。

18. 非金属矿物制品业

2009—2019年我国非金属矿物制品业“两税”数据及“两税”轨迹分别如表4-18和图4-19所示。

非金属矿物是指不具有金属或半金属光泽的，无色或呈各种浅色的，在0.03毫米厚的薄片下透明或半透明，导电性和导热性差的矿物。非金属矿物是当前社会发展中比较重要的一类材料，在现阶段的非金属矿物加工过程中，环境污染和非金属矿物制品破坏问题

表 4-18　2009—2019 年我国非金属矿物制品业“两税”数据　单位：万元

年度	2009	2010	2011	2012	2013	2014	2015	2016	2017	2018	2019
企业所得税	1094755	1584686	2955629	2800413	2463083	3028987	2458528	2115834	3176897	5210425	7055822
增值税	5593736	6206557	7763828	8064716	8666411	8693583	7556242	8001355	10710224	13927851	15345061

数据来源：《中国税务年鉴》（2009—2019）。

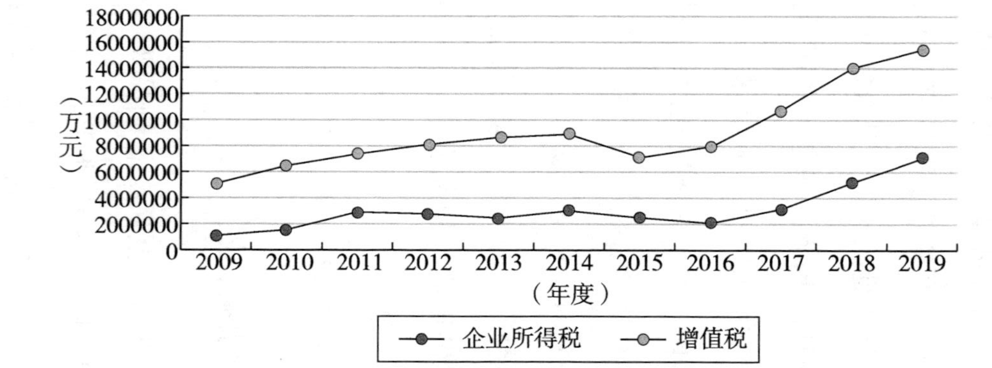

图 4-19　2009—2019 年我国非金属矿物制品业“两税”轨迹

数据来源：根据表 4-18 数据制图。

越来越严重。

2015 年我国非金属矿物制品业增值税和企业所得税收入下降主要是受行业产能过剩影响。我国非金属矿物制品业存在着低端产能发展过剩、高端产品需求不足等问题。

非金属矿物制品业受环保政策影响较大，为引导非金属矿物制品业健康发展，优化其产业结构，遏制低水平重复建设，保护生态环境，提升安全水平，根据国务院办公厅印发的《关于促进建材工业稳增长调结构增效益的指导意见》，结合《中华人民共和国安全生产法》《中华人民共和国环境保护法》和《中华人民共和国清洁生产促进法》等有关法律法规及产业政策，我国从采选指标要求方面出发，制定了几个重要的非金属矿物制品业淘汰落后产能的具体指标和保障措施，以保障非金属矿物制品业顺利转型升级、平稳增长。

非金属矿物制品业符合先进制造业增值税期末留抵退税政策，在财政部、国家税务总局发布的《关于明确部分先进制造业增值税期末留抵退税政策的公告》中，规定自 2019 年 6 月 1 日起，同时符合以下条件的部分先进制造业纳税人，可以自 2019 年 7 月及以后纳税申报期向主管税务机关申请退还增量留抵税额：①增量留抵税额大于零；②纳税信用等级为 A 级或者 B 级；③申请退税前 36 个月未发生骗取留抵退税、出口退税或虚开增值税专用发票情形；④申请退税前 36 个月未因偷税被税务机关处罚两次及以上；⑤自 2019 年 4 月 1 日起未享受即征即退、先征后返（退）政策。增量留抵税额是指与 2019 年 3 月 31 日相比新增加的期末留抵税额。所称部分先进制造业纳税人，是指按照《国民经济行业分类》，生产并销售非金属矿物制品、通用设备、专用设备及计算机、通信和其他电子设备销售额占全部销售额的比重超过50%的纳税人。

由表4－18和图4－19可知，2017—2019年该行业发展较好，这得益于相关行业发展政策的出台：

（1）自然资源部发布《矿业权出让管理办法（征求意见稿）》，对矿业权招标、拍卖、挂牌等方面进行了明确规定。

（2）国家发展改革委、商务部联合发布《鼓励外商投资产业目录（2019年版）》，包括全国鼓励外商投资产业目录、中西部地区外商投资优势产业目录两大部分。其中，包括非金属矿精细加工（超细粉碎、高纯、精制、改性）等产业。

（3）国家发展改革委公布的《产业结构调整指导目录（2019年本）》，自2020年1月1日起施行。目录内容涉及非金属矿物制品业，既有鼓励类、限制类，也有淘汰类，该文件可谓我国非金属矿物制品业发展的“指挥棒”，从中可以看出该行业未来几年的发展趋势。

（4）工信部印发的《重点新材料首批次应用示范指导目录（2019年版）》，提及高纯石英砂、高纯石墨、矿物功能土壤处理材料、人工合成高品质云母材料等多种新材料。

（5）自然资源部发布的《中华人民共和国矿产资源法（修订草案）》，设置总则，矿产资源的保护、勘查和开采，矿业权，矿区生态修复，监督管理，法律责任，附则，共7章53条。

19. 黑色金属冶炼和压延加工业

2009—2019 年我国黑色金属冶炼和压延加工业“两税”数据及“两税”轨迹分别如表 4－19 和图 4－20 所示。

根据《国民经济行业分类（2017）》，黑色金属冶炼和压延加工业包括炼铁、炼钢、钢压延加工和铁合金冶炼 4 个细分行业。中国是全球最大的钢铁生产国和出口国，我国黑色金属冶炼和压延加工业外贸竞争力长期位居世界前列。该产业对外依存度较高，受国际经济发展和国际市场影响较大。

黑色金属冶炼和压延加工业阶段性发展特征明显：

2009 年可以列为第一发展阶段，该阶段该行业产能利用率基本不变，存在明显的产能过剩情况，受 2008 年世界金融危机的影响，我国内外需不足，黑色金属冶炼和压延加工业处于供过于求的状况，该行业“两税”收入水平处于较低状态。

2010—2011 年可以列为第二发展阶段，该阶段此行业产能利用率上升，金融危机对全球经济的影响逐渐消除，全球经济回暖，进出口量增加，且中国的房地产调控力度放松，行业出现了短暂的繁荣期，在此期间，该行业企业所得税收入明显上升。

2012—2016 年可以列为第三发展阶段，该阶段根据国家统计局的调整，2012 年年初，黑色金属铸造从金属制品业并入了黑色金属冶炼和压延加工业统计，2018 年年初又将黑色金属铸造从黑色金属冶炼和压延加工业中调出，再次并入金属制品业，因此，在 2012—2016 年，该行业大类包含炼铁、炼钢、黑色金属铸造、钢压延加工、

表 4－19　　2009—2019 年我国黑色金属冶炼和压延加工业“两税”数据　　单位：万元

年度	2009	2010	2011	2012	2013	2014	2015	2016	2017	2018	2019
企业所得税	788690	1111090	1553004	1034307	775228	721028	880941	734695	2539733	5154802	5797258
增值税	8045505	6623950	6800522	6710814	6359663	6088503	5386605	5772090	8841540	12214544	9610649

数据来源：《中国税务年鉴》（2009—2019）。

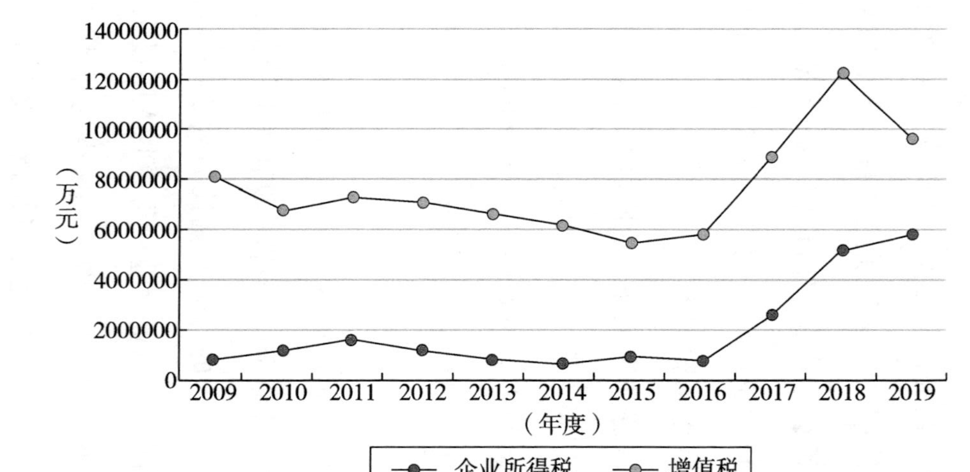

图 4－20　2009—2019 年我国黑色金属冶炼和压延加工业“两税”轨迹

数据来源：根据表 4－19 数据制图。

铁合金冶炼5个细分行业，行业类别明显多于其他年度。虽然并入了一个中类行业，但并入的行业同样是产能过剩的行业，因此，全行业产能利用率持续下降，产能过剩问题严峻，过度投资计划以及中国经济增速放缓、房地产市场紧缩政策等，各种因素的存在持续加剧了该行业产能过剩的问题。在此发展阶段，该行业发展阻滞，“两税”收入总体呈现降低态势。

2017—2019年可以列为第四发展阶段，2016年，中国全面推行“营改增”，各项减税政策的实施，大大推动了黑色金属冶炼和压延加工业的发展，且全球经济好转，大宗商品和有色金属受到通货膨胀的影响，需求量周期性回升。加之中国深挖内需，企业加大创新投入力度，产能利用率明显提高。我国经济转型也推动了该产业发展，供给侧结构性改革与地方制度环境的改变，提高了企业研发投入的成功率，城市经济发展和城市人口规模持续扩大，多种因素共同影响，行业迎来发展繁荣期。但中美贸易摩擦加剧，我国黑色金属冶炼和压延加工业外贸竞争压力明显加大。随着全球贸易增速放缓、外国直接投资下降、主要发达经济体刺激政策减弱、新兴经济体经济下行压力加大，特别是美国政府推行单边贸易保护主义，严重影响了世界贸易秩序，全球经济增速大幅下滑。这些导致2019年该行业企业所得税收入增速变缓、增值税收入大幅下跌。

20. 有色金属冶炼和压延加工业

2009—2019年我国有色金属冶炼和压延加工业“两税”数据及“两税”轨迹分别如表4－20和图4－21所示。

表 4 - 20　2009—2019 年我国有色金属冶炼和压延加工业“两税”数据　单位：万元

年度	2009	2010	2011	2012	2013	2014	2015	2016	2017	2018	2019
企业所得税	4416572	838219	1279910	1276735	1040043	1089014	1233515	1189874	1762113	1752219	1677034
增值税	2312165	2722418	3468608	3924501	3633224	3628106	3521635	3721444	5545983	5959659	5988126

数据来源：《中国税务年鉴》(2009—2019)。

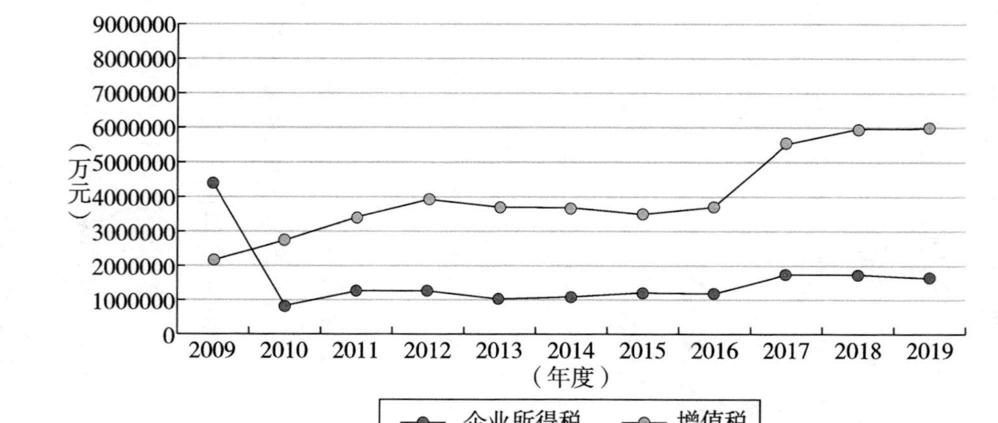

图 4 - 21　2009—2019 年我国有色金属冶炼和压延加工业“两税”轨迹

数据来源：根据表 4 - 20 数据制图。

有色金属冶炼和压延加工业，含常用有色金属冶炼、贵金属冶炼、稀有稀土金属冶炼、有色金属合金制造、有色金属压延加工5个行业中类，铜冶炼、铅锌冶炼、锡冶炼、金冶炼等行业小类。有色金属冶炼和压延加工业是国家重点支持的产业之一。

由表4－20和图4－21可知，2009年以后我国有色金属冶炼和压延加工业整体发展较为低迷，这主要是受美国量化宽松政策、全球资金充裕、国内宏观调控和紧缩货币政策的影响，这一时期，有色金属价格告别了2009年单边上扬的市场行情，迎来了震荡上行走势。世界经济复苏支撑了有色金属市场行情回暖，然而国内有色金属冶炼和压延加工业也面临着产能过剩、矿产资源紧张、环保压力增大、节能减排等一系列因素的影响，行业发展产生剧烈波动。

产能过剩、技术水平低、环境污染严重、高端产品不足、产业集中度低是目前我国有色金属冶炼和压延加工业的现状，我国亟须针对该行业“转方式、调结构”。外贸方面，该行业也是国外容易挑起反倾销等贸易摩擦的主要领域。

相关行业政策如下：

（1）2016年1月，科技部、财政部、国家税务总局发布了《国家重点支持的高新技术领域（2016）》，鼓励高纯、高性能、环保的合金材料与合金材料制备及加工技术，以及宽幅薄板、精密箔带、高强高导铜合金、环保型合金制造技术等高端产品的精深加工技术。

（2）2016年6月，国务院办公厅发布了《国务院办公厅关于营造良好市场环境促进有色金属工业调结构促转型增效益的指导意见》，提出着力发展精密电子铜带等关键基础材料，满足先进装备、新一代信息技术、船舶及海洋工程、航空航天、国防科技等领域的需求。

（3）2016 年 10 月，工信部发布了《有色金属工业发展规划（2016—2020 年）》，积极支持新材料首批次应用，扩大高性能轻合金材料、高性能铜及铜合金材料、高纯稀有稀贵金属材料、高纯多晶硅及电子气体等应用领域。

（4）2017 年 1 月，国家发展改革委发布了《战略性新兴产业重点产品和服务指导目录（2016 版）》，目录中高性能有色金属及合金材料包括高精度铜及管、棒，线型材产品，铜镍、铜钛、铍铜等铜合金管、棒、线型材，高强高导铜材，电解铜箔，压延铜箔，电子铜，铜合金引线框架，高性能接插元件等电子产品用铜压延材料，其他高性能铜及铜合金压延产品等。

21. 金属制品业

2009—2019 年我国金属制品业“两税”数据及“两税”轨迹分别如表 4－21 和图 4－22 所示。

金属制品业细分为结构性金属制品制造，金属工具制造，集装箱及金属包装容器制造，金属丝绳及其制品制造，建筑、安全用金属制品制造，金属表面处理及热处理加工，搪瓷制品制造，金属制日用品制造，铸造及其他金属制品制造。金属制品业是有一定技术含量的劳动密集型产业，铸造、钣金、焊接和表面处理等工艺，都需要具备一定技能的劳动力才能完成，生产效率影响行业发展，而

表 4－21　2009—2019 年我国金属制品业“两税”数据　单位：万元

年度	2009	2010	2011	2012	2013	2014	2015	2016	2017	2018	2019
企业所得税	915479	1322834	1701211	1657028	1574592	1703183	1797602	1964949	2279563	2530199	2278137
增值税	4192883	4393466	5067990	5885521	5998705	6445536	6774288	7183629	8716596	9458846	9780753

数据来源：《中国税务年鉴》（2009—2019）。

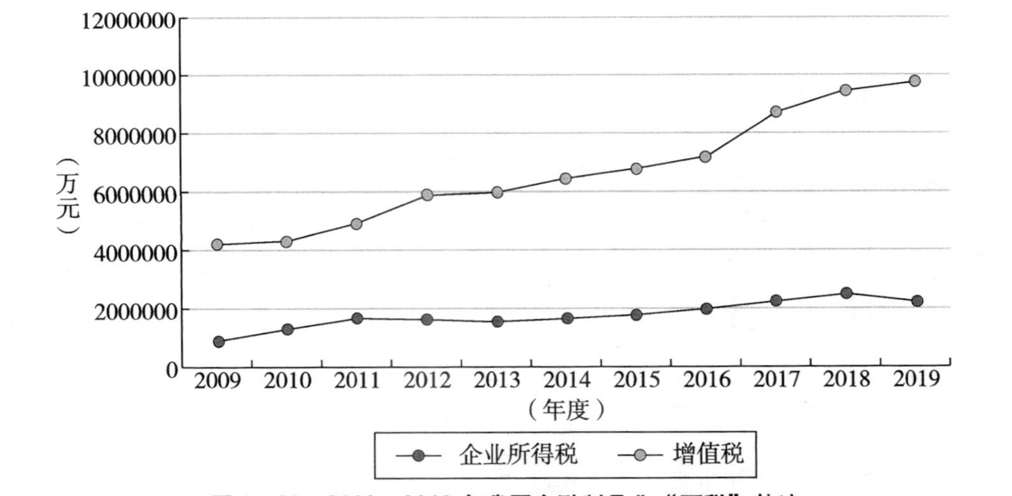

图 4－22　2009—2019 年我国金融制品业“两税”轨迹

数据来源：根据表 4－21 数据制图。

复杂金属零件的制造离不开数控机床，因此，固定资产在该行业中占据着重要地位。中国是金属制品出口大国，同样是金属制品消费大国，国际市场变化与国内市场变化同时影响着我国金属制品业增值税和企业所得税的收入变化。

2008 年世界金融危机以后，我国金属制品业积蓄产能，逐渐消化金融危机对行业造成的影响，截至 2011 年，钢丝绳产品稳步发展，在国家金属制品质量监督检验中心获得钢丝绳生产许可证的企业有 200 多家。随着钢帘线、胎圈钢丝等的快速发展，国家发展改革委、科技部、工业和信息化部、商务部和知识产权局联合发布《当前优先发展的高技术产业化重点领域指南（2011 年度）》，将“子午线轮胎生产技术和关键原材料”列入“新材料”目录，这将刺激我国子午线轮胎的发展，也将带动我国金属制品业的发展。此外，我国焊丝产量快速增长，聚碳酸酯（PC）制品迅猛发展，高铁行业迅猛发展的同时增加了对金属制品的需求。在国家《钢铁工业“十二五”发展规划》和《“十二五”机械工业发展总体规划》等系列政策的共同引导下，我国金属制品业迎来了产品结构调整和装备水平提升新的发展。2017 年之后，英国脱欧，贸易保护主义抬头，中美贸易摩擦加剧，世界经济下行，这些都深刻地影响着我国金属制品的进出口，但由于我国宏观政策的调整，以及国内铁路建设、汽车行业的发展，该行业仍然处于稳定发展状态。近年来，“二孩”政策的推行，使得我国人口红利或再提升，国内市场前景广阔，稀有材料和新材料的发展必将引导金属制品业发展。金属制品业从 2017 年开始，进入了另一个新的发展黄金时期，实现了增值税收入的再度提升。

22. 通用设备制造业

2009—2019 年我国通用设备制造业“两税”数据及“两税”轨迹分别如表 4－22 和图 4－23 所示。

通用设备制造是指使用于 1 个以上行业的设备制造。近年来，我国相关部门陆续推出系列发展和扶持政策，对智能制造、先进制造等不断加大扶持力度，这为我国通用设备制造业发展提供了良好的制度保障和政策保障。

2017 年，我国工业和信息化部印发《工业电子商务发展三年行动计划》，指出要建成一批资源富集、功能多元、服务精细的工业电子商务平台。《国务院办公厅关于积极推进供应链创新与应用的指导意见》指出，要促进大中小企业专业化分工协作。

2018 年，《国家智能制造标准体系建设指南（2018 年版）》指出，智能制造是落实我国制造强国战略的重要举措，对重塑我国制造业竞争新优势具有重要意义。《工业互联网发展行动计划（2018—2020 年）》中指出，要初步形成各有侧重、协同集聚发展的工业互联网平台体系。

2019 年，《关于推动先进制造业和现代服务业深度融合发展的实施意见》指出，到 2025 年，形成一批创新活跃、效益显著、质量卓越、带动效应突出的深度融合发展企业、平台和示范区，企业生产性服务投入逐步提高，产业生态不断完善，两业融合成为推动制造业高质量发展的重要支撑。

表 4－22 2009—2019 年我国通用设备制造业“两税”数据 单位：万元

年度	2009	2010	2011	2012	2013	2014	2015	2016	2017	2018	2019
企业所得税	1604872	2382288	3186373	3309157	3074115	3378414	3130037	3097676	3674497	3970493	3846025
增值税	6949472	7682122	8467945	8839135	9441923	10139532	10371546	10012763	12639111	12745726	13252117

数据来源：《中国税务年鉴》（2009—2019）。

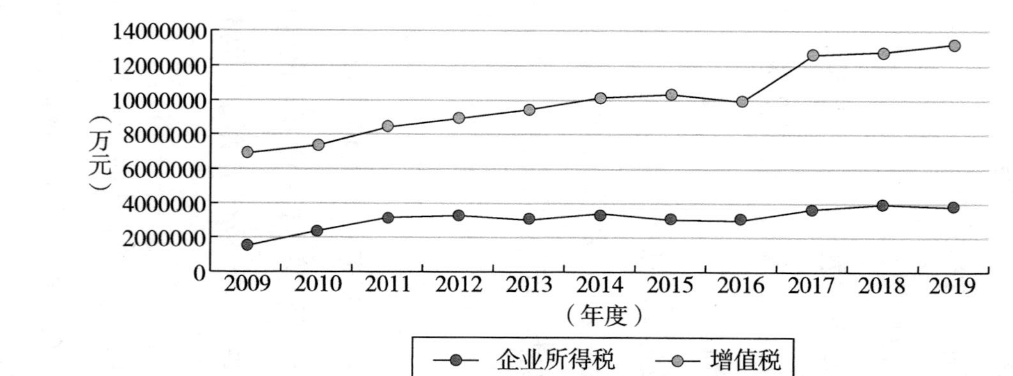

图 4－23 2009—2019 年我国通用设备制造业“两税”轨迹

数据来源：根据表 4－22 数据制图。

近年来，我国通用设备制造业固定资产投资高速增长，加之国际制造业复苏、国内制造业升级，我国通用设备制造业将在未来一段时期继续保持快速增长。2011 年，我国通用设备制造业实现利润总额 2862.25 亿元，同比增长 28.96%，2007 年 1 月至 2011 年 11 月该行业平均利润增长率为 26.5%，行业营利能力较强。

此外，该行业受机械行业影响较大，2009—2012 年我国处于机械行业黄金发展时期，通用设备制造业作为机械行业的一个重要分支行业，同样进入快速增长期，除 2009 年该行业增长率有较大幅度下滑外，其余年份该行业产值规模均保持了较快增长速度。同时，行业资产规模也迅速扩大。在当时我国制造业回归“本位”的经济环境下，随着高端装备制造业相关政策的落实、工业转型升级规划的实施，以及与机械行业相关的固定资产投资的增加，我国通用设备制造业保持了稳定增长。

2016—2017 年，受供给侧结构性改革等因素影响，我国通用设备制造业出现较大波动。2017 年该行业迎来业绩拐点，实现利润总额 3125.4 亿元，同比增长 13.5%，较上年同期增加 13.3 个百分点。

2016—2019 年，我国通用设备制造业整体波动发展，截至 2019 年，该行业营业收入 38264.7 亿元（同比增长 3.86%），利润总额 2649 亿元（同比增长 4.83%）。

23. 专用设备制造业

2009—2019 年我国专用设备制造业“两税”数据及“两税”轨迹分别如表 4－23 和图 4－24 所示。

表 4-23　2009—2019 年我国专用设备制造业“两税”数据　单位：万元

年度	2009	2010	2011	2012	2013	2014	2015	2016	2017	2018	2019
企业所得税	1284692	2008668	2865571	2540627	2513318	2711986	2574605	2569141	3030250	3429962	3213530
增值税	4703002	5371744	6004813	6747486	7098118	7463721	7605573	7476473	9292720	9240180	10084964

数据来源：《中国税务年鉴》（2009—2019）。

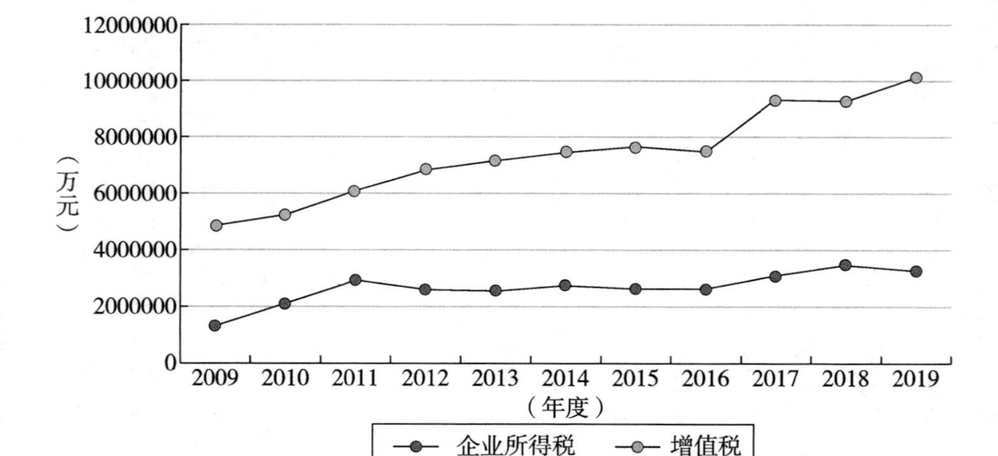

图 4-24　2009—2019 年我国专用设备制造业“两税”轨迹

数据来源：根据表 4-23 数据制图。

专用设备制造业可细分为采矿、冶金、建筑专用设备制造，化工、木材、非金属加工专用设备制造，食品、饮料、烟草及饲料生产专用设备制造，印刷、制药、日化及日用品生产专用设备制造，纺织、服装和皮革加工专用设备制造，电子和电工机械专用设备制造，农、林、牧、渔专用机械制造，医疗仪器设备及器械制造，环保、邮政、社会公共服务及其他专用设备制造。专用设备制造业具有高技术含量、高资金需求、高毛利率、规模经济效应大等特点。其产业发展受国际经济形势、国内经济政策、固定资产投资、下游行业需求状况等因素影响。

随着我国国民经济的发展，我国工业竞争力增强，综合国力增强，固定资产投资规模长期保持增长态势，专用设备需求量稳定增长，同时国家对自主创新产业支持力度不断加大，专业技术升级的速度越来越快，所以我国专用设备制造业“两税”收入长期呈现增长态势，但由于短期的经济波动和政策变更会出现波动情况。

2008 年，世界金融危机全面爆发，中国为了应对金融危机，推出了进一步扩大内需、促进经济平稳较快增长的十项措施。[①] 2009—2011 年，我国专用设备制造业充分享受政策红利，“两税”收入保持稳定增长态势。但是，2011 年之后，中国经济增速变缓以及“营改增”的实行，各项减税政策加持，各种因素综合，我国专用设备制造业发展减速，规模经济变小，2012—2016 年该行业企业所得税

① 经初步匡算，实施这十项措施，到 2010 年年底约需投资 4 万亿元，故一些媒体和经济界人士将其简单地解读为“四万亿计划”，实际上，随着时间的推移，中国政府不断完善和充实应对国际金融危机的政策措施，逐步形成了应对国际金融危机的一揽子计划。

收入基本处于稳定状态。

2016 年，中国进入“十三五”发展时期，“营改增”全面启动。2017 年，中国加快国有企业与国有资产改革，在混合所有制改革上采取切实举措，大中型钢铁、冶金、化工企业配套生产设备需求量增加，我国专用设备制造业又迎来了新一轮的发展黄金期。2019 年，财政部、国家税务总局发布了《关于扩大固定资产加速折旧优惠政策适用范围的公告》，规定自 2019 年 1 月 1 日起，适用《财政部　国家税务总局关于完善固定资产加速折旧企业所得税政策的通知》（财税〔2014〕75 号）和《财政部　国家税务总局关于进一步完善固定资产加速折旧企业所得税政策的通知》（财税〔2015〕106 号）规定固定资产加速折旧优惠的行业范围，扩大至全部制造业领域。2019 年我国专用设备制造业企业所得税减税效果显著，与增值税收入的增长出现了背离，但是该行业“两税”收入总量较之 2016 年，仍然是出现了大幅度的增长。

24. 汽车制造业

我国汽车制造业存在产业链长、工艺面广、规模化生产需求大、成本控制要求高等特点，诸多挑战使得汽车生产仍是当前大规模民用产品生产中最为复杂的。这也意味着，一旦汽车工业发展起来，其生产管理经验便能有效迁移到其他制造业中。因此，汽车制造业堪称一国制造业之标杆。

2009—2019 年我国汽车制造业“两税”数据及“两税”轨迹分别如表 4 – 24 和图 4 – 25 所示。

表 4 -24　2009—2019 年我国汽车制造业“两税”数据　单位：万元

年度	2009	2010	2011	2012	2013	2014	2015	2016	2017	2018	2019
企业所得税	2345005	4411446	6590445	7464388	7739908	10095672	9872814	11033484	11799844	12163320	9644424
增值税	8171761	10370922	10223690	11742289	14019217	15415087	16233712	17722271	19554103	16575009	15941735

数据来源：《中国税务年鉴》（2009—2019）。

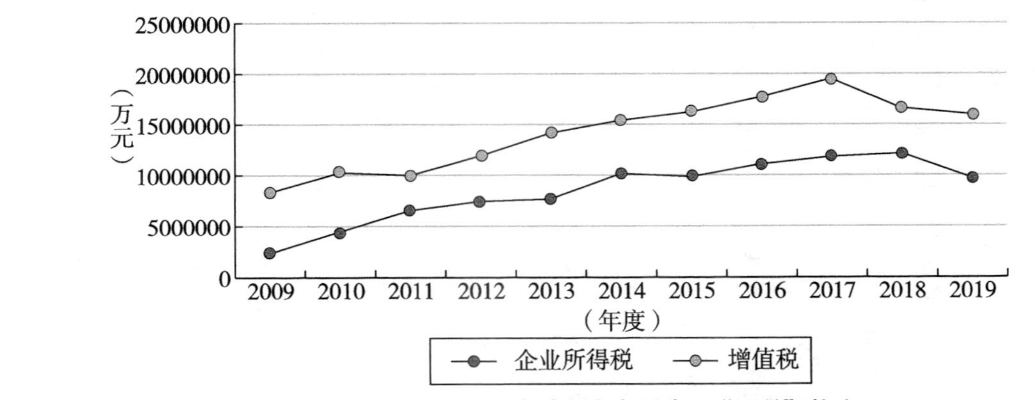

图 4 -25　2009—2019 年我国汽车制造业“两税”轨迹

数据来源：根据表 4 -24 数据制图。

由表 4 - 24 和图 4 - 25 可以看出，2009—2017 年我国汽车制造业除 2011 年增值税收入、2015 年企业所得税收入有所下滑外，其他年份企业所得税和增值税收入一直处于上升趋势，2018 年增值税收入开始下降，2019 年则“两税”收入均下降，这主要是受汽车行业低迷、汽车销量下降影响。2018 年，我国汽车产销分别完成 2780.9 万辆和 2808.1 万辆，产销量分别比上年同期下降 4.2% 和 2.8%。2019 年，我国汽车产销分别完成 2572.1 万辆和 2576.9 万辆，同比分别下降 7.5% 和 8.2%。

销量下降导致我国汽车制造业营业收入和利润总额也连续两年下降。2014—2017 年我国汽车制造业营业收入逐年增加，2018 年中国汽车制造业营业收入为 83373 亿元，较 2017 年减少了 1264 亿元，2019 年中国汽车制造业营业收入为 80418 亿元，较 2018 年减少了 2955 亿元。

2017—2019 年，我国汽车制造业利润总额逐年减少：2018 年中国汽车制造业利润总额为 6091 亿元，较 2017 年减少 800 亿元；2019 年中国汽车制造业利润总额为 5100 亿元，较 2018 年减少 991 亿元。

我国汽车制造业整体产销量下滑的原因，一是购置税优惠政策全面退出和补贴减少；二是宏观经济增速回落以及购房占用资金等；三是环保要求不断升级，企业应对乏力，准备不足。

（1）税收优惠到期和补贴减少

2016—2017 年，我国为了刺激国内汽车行业消费，推出了购置税优惠、新能源汽车补贴等刺激性政策，这直接拉动了我国 2016—2017 年的汽车销量，导致汽车行业整体销量基数过高，实际上“透支”了未来我国的汽车需求。自 2018 年 1 月 1 日起，我国对于 1.6 升及以下排量的乘用车实行的购置税优惠政策到期，车辆购置税恢复到 10%。对于购置新能源汽车的补贴，也降低了标准。

（2）经济增速变缓和购房“挤占”汽车消费

近年来，我国经济增速变缓，进入高质量发展阶段，国内经济正处于一个“挤泡沫”的过程，但是国内城镇化的趋势却越来越快，越来越多的人开始涌入三线以上城市，买房就成了这些人群的刚性需求，而房地产的消费带走了居民大量的现金流，直接导致居民消费水平下降，自然而然居民对汽车的消费也会大大降低。

（3）环保排放标准不断升级

2017 年我国开始实行“国五标准”（第五阶段机动车排放标准），但 2019 年 7 月 1 日开始实施“国六标准”，标准切换时间仅为两年左右，是正常切换周期的一半时间（一个标准的正常切换周期为 4～5 年），这导致很多汽车企业对“国五标准”投入的成本还没有收回来，另外标准的转换需要很长时间的产品验证等技术准备工作，很显然国内的汽车企业准备不足，这直接影响了 2018 年和 2019 年我国的汽车销量。

25. 铁路、船舶、航空航天和其他运输设备制造业

2009—2019 年我国铁路、船舶、航空航天和其他运输设备制造业“两税”数据及“两税”轨迹分别如表 4－25 和图 4－26 所示。

铁路、船舶、航空航天和其他运输设备制造业可细分为铁路运输设备制造，城市轨道交通设备制造，船舶及相关装置制造，航空、

表 4－25　2009—2019 年我国铁路、船舶、航空航天和其他运输设备制造业“两税”数据　单位：万元

年度	2009*	2010*	2011*	2012	2013	2014	2015	2016	2017	2018	2019
企业所得税	998225	1184144	1509181	1282063	1025077	1231622	1328050	1313143	1230316	1267155	1205518
增值税	2541320	2943043	3530515	3598009	3512747	3722846	3762649	3557751	3730231	2794377	3144624

数据来源：《中国税务年鉴》（2009—2019）。

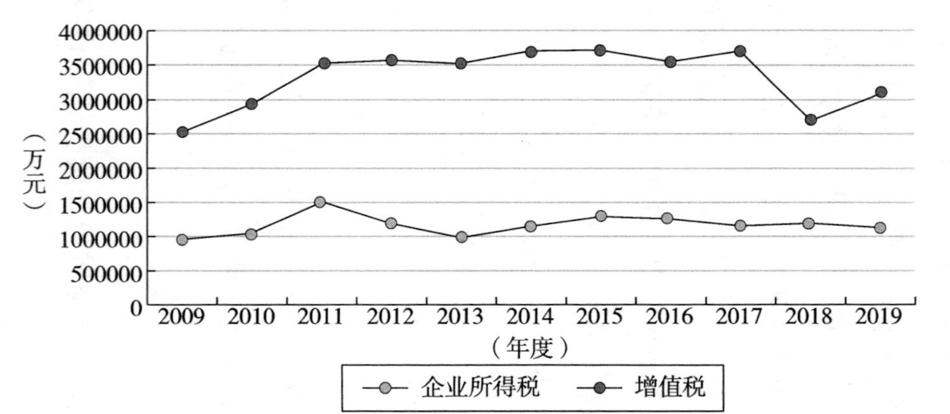

图 4－26　2009—2019 年我国铁路、船舶、航空航天和其他运输设备制造业“两税”轨迹

注：根据《中国税务年鉴》，标＊年份统计的是交通运输设备制造业（含汽车制造业）相关数据，故此处数据为二者之差。

数据来源：根据表 4－25 数据制图。

航天器及设备制造、摩托车制造等。铁路、船舶、航空航天和其他运输设备制造业是关乎国民经济的重要行业，该行业主要企业为大型央企和国企，受经济形势和政策影响较小，受上下游产业变动影响较大，中国经济相对健康的发展，使本行业长期处于稳定发展态势。

由表 4－25 和图 4－26 可以看出，铁路、船舶、航空航天和其他运输设备制造业的增值税收入，在 2010 年之后到 2017 年，长期处于稳定状态，变化不大。铁路运输是现代货运的主要方式，在物流运输中占重要地位，其受地形、气候等自然条件影响小，我国铁路网线建设愈加完善，铁路运输设备制造长期稳定发展。航空运输在我国运输业中货运量占比较小，主要承担长途运输、生鲜货物运输、贵重物品运输、精密仪器运输等任务，主要运输载体是飞机，其发展情况对航空、航天器及设备制造业影响较小。船舶运输主要是水路运输，依托港口，在河流、湖泊以及海洋范围内运输，其成本较低，可以进行大宗商品的运输，但往往运输距离长，时效慢，且受自然条件影响较大，受中国进出口贸易情况影响较大。2018 年，中美贸易摩擦加剧，我国对外贸易受影响较大，发展并不景气，铁路、船舶、航空航天和其他运输设备制造业也受到影响，需求量的下降导致该行业增值税收入在 2018 年大幅度回落。2019 年，我国对外贸易得到一定程度的恢复式发展，铁路、船舶、航空航天和其他运输设备制造业发展也回暖，相应地其增值税收入也实现了上浮。该行业企业所得税收入则变化不大。

26. 电气机械和器材制造业

2009—2019 年我国电气机械和器材制造业“两税”数据及“两税”轨迹分别如表 4－26 和图 4－27 所示。

电气机械和器材制造业是我国国民经济行业分类中一个非常重要的大类，该行业产品技术密集度相对较高，行业内上市企业地域集中度较高，CR5（行业集中度）突破 70%。据统计，截至 2021 年第一季度，有 200 多家电气机械和器材制造业 A 股上市企业主要分布在广东、浙江、江苏、上海、山东等地，其中，广东、浙江、江苏分布数量最多，分别为 60 家、47 家和 45 家，分别占到了电气机械和器材制造业 A 股上市企业总数的 22.81%、17.87% 和 17.11%。

2018 年中国电气机械和器材制造业工业企业营业收入 61817.1 亿元，同比增长 2%；2019 年中国电气机械和器材制造业工业企业营业收入 65438.4 亿元，同比增长 5.86%。2018 年中国电气机械和器材制造业工业企业利润总额 3467.7 亿元，2019 年电气机械和器材制造业工业企业利润总额 3843.3 亿元，比上年增加 375.6 亿元。

我国与电气机械和器材制造业相关的发展政策如下：

（1）2010 年 10 月，《国务院关于加快培育和发展战略性新兴产业的决定》提到，加快太阳能热利用技术推广应用，开拓多元化的太阳能光伏光热发电市场……加快适应新能源发展的智能电网及运行体系建设。

（2）2011 年 6 月，国家发展改革委等五部门联合发布《当前优先发展的高技术产业化重点领域指南（2011 年度）》，将本行业涉及

表 4－26　2009—2019 年我国电气机械和器材制造业“两税”数据　单位：万元

年度	2009	2010	2011	2012	2013	2014	2015	2016	2017	2018	2019
企业所得税	1834246	2635880	3255004	3030553	3164850	3715110	4080995	4354844	4690107	4579189	4882947
增值税	7229462	7265317	7657247	8769635	9563461	10852543	11693965	11492184	13054101	12267484	13322690

数据来源：《中国税务年鉴》（2009—2019）。

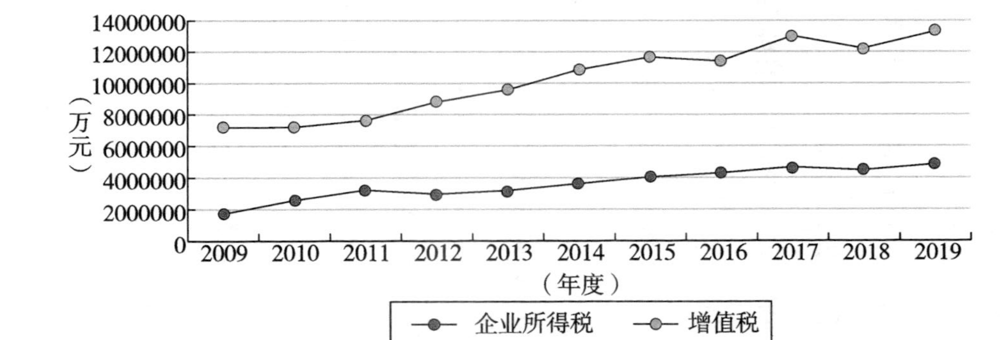

图 4－27　2009—2019 年我国电气机械和器材制造业“两税”轨迹

数据来源：根据表 4－26 数据制图。

的领域列入我国优先发展的高技术产业化重点领域，如电网输送及安全保障技术。

（3）2012 年 6 月，科技部发布《2010 年度科技型中小企业技术创新基金若干重点项目指南》，指出 2010 年度重点支持的方向之一是用于输配电系统和企业的新型节电装置，具体有用于企业的先进节电装置，新型节电控制装置及其综合管理系统，用于输配电系统和企业的先进无功功率控制装置，如静止无功功率补偿装置、静止无功功率发生器等，区域的在线动态谐波治理装置。

（4）2013 年，《产业结构调整指导目录（2011 年本）（2013 年修正)》公布，文件将电气机械和器材制造业所涉及的领域列入鼓励类产业。

（5）2016 年 3 月，国家能源局发布了《2016 年能源工作指导意见》，2016 年计划建设充电站 2000 多座、分散式公共充电桩 10 万个，私人专用充电桩 86 万个，各类充电设施总投资 300 亿元；组织编制小城镇、中心村农网改造升级和机井通电实施方案（2016—2017 年），预计投资约 1500 亿元，到 2017 年中心村全部完成农网改造，平原地区机井通电全覆盖等。

27. 计算机、通信和其他电子设备制造业

2009—2019 年我国计算机、通信和其他电子设备制造业“两税”数据及“两税”轨迹分别如表 4 - 27 和图 4 - 28 所示。

计算机、通信和其他电子设备制造业可细分为计算机制造、通信设备制造、广播电视设备制造、雷达及配套设备制造、非专业视

表 4－27　2009—2019 年我国计算机、通信和其他电子设备制造业“两税”数据　单位：万元

年度	2009	2010	2011	2012	2013	2014	2015	2016	2017	2018	2019
企业所得税	2490491	3872055	4647725	4787710	4863214	5716331	6618899	6641079	7208434	7252204	6284858
增值税	9033978	7827914	7443675	9154956	10535712	11946877	11836638	11266317	14507511	13002833	14616341

数据来源：《中国税务年鉴》（2009—2019）。

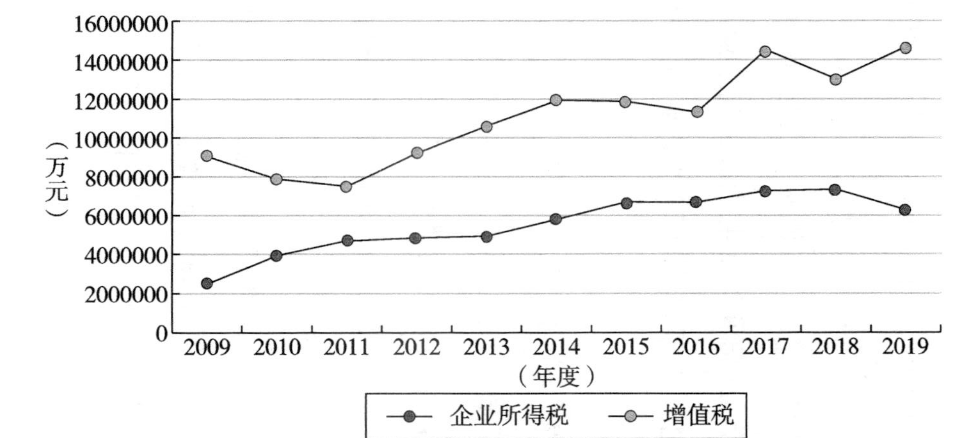

图 4－28　2009—2019 年我国计算机、通信和其他电子设备制造业“两税”轨迹

数据来源：根据表 4－27 数据制图。

听设备制造、智能消费设备制造、电子器件制造、电子元件及电子专用材料制造、其他电子设备制造。21 世纪以来，国际产业转移速度加快，我国已经成为计算机、通信和其他电子设备制造业的加工制造基地，受到国民消费结构的影响，以及我国以电子通信为主的高科技产业发展的影响，计算机、通信和其他电子设备制造业逐渐成为我国工业发展的支柱性产业。计算机、通信和其他电子设备制造业是资金密集型产业，其增值税和企业所得税收入长期处于高值。但中国的计算机、通信和其他电子设备制造业深度融入全球产业链，其产业发展对国际市场具有很强的依赖性，受国际经济形势影响较大。

2008 年世界金融危机以来，我国计算机、通信和其他电子设备制造业进出口贸易受到影响，发展受阻，加之 2008 年修订版《中华人民共和国增值税暂行条例》颁布，扩大了增值税的抵扣范围，以减轻商品流转税税负，降低商品价格；为了提振企业投资固定资产的积极性，我国进行了增值税由生产型向消费型转变的转型改革，从 2010 年、2011 年数据来看，减税效果明显，计算机、通信和其他电子设备制造业增值税收入下降。而企业所得税方面，由于我国缺乏与此行业相关的减税政策，因此税收仍处于增长状态。

2011 年以来，国家重视该行业发展，先后多次颁布重量级帮扶政策。例如，2011 年，国务院颁布《中华人民共和国国民经济和社会发展第十二个五年规划纲要》，指出在新兴信息技术发展的背景下，重点发展新一代移动通信、下一代互联网、三网融合、物联网等。同年，我国工业和信息化部印发《“十二五”产业技术创新规划》，提出重点开发电子信息制造业领域中的计算机产品工业设计、主板制造、轻薄便携、低功耗、触控技术，以及工业控制计算机体系结构等。2013 年，《国务院关于促进信息消费扩大内需的若干意见》发布，鼓励智能终端产品创新发展，增强电子基础产业创新能力（加快推进新一代显示技术突破，完善产业配套能力），提升软件业支撑服务水平。一系列相关文件政策的出台，使我国计算机、通信和其他电子设备制造业“两税”收入在 2012—2014 年同步上升，产业发展表现优异。

2016 年，我国全面推行“营改增”，减税效果明显。2017 年，国务院颁布《战略性新兴产业重点产品和服务指导目录（2016 版）》，将智能手机、手持平板电脑等新一代移动终端设备纳入国家战略性新兴产业重点产品和服务指导目录。我国中西部地区计算机、通信和其他电子设备制造业迅猛发展，为国家贡献了大量的税收，2017 年在经历减税政策之后，该行业增值税收入仍然大幅上升。2018 年，中美贸易摩擦加剧，深度融入全球产业链且对国际市场具有很强依赖性的我国计算机、通信和其他电子设备制造业备受影响，增值税收入和企业所得税收入均下降，但在国家扶持和国内市场繁荣发展的情况下，2019 年该行业增值税收入迅速恢复到中美贸易摩擦前的水平。2019 年，我国发布了《关于实施小型微利企业普惠性所得税减免政策有关问题的公告》《关于扩大固定资产加速折旧优惠政策适用范围的公告》《关于集成电路设计和软件产业企业所得税政策的公告》和《关于延续西部大开发企业所得税政策的公告》等，该行业企业所得税减税效果十分明显，企业所得税收入下降，出现了和增值税收入发展相背离的情况。

28. 仪器仪表制造业

2009—2019 年我国仪器仪表制造业“两税”数据及“两税”轨迹分别如表 4－28 和图 4－29 所示。

仪器仪表的应用领域是极其广泛的，大到工业、农业、商业，小到文教卫生、人民生活等，仪器仪表为当代社会建设和人类活动提供了可靠的信息监测与反馈服务。

2017 年后，在政策的调控下，我国仪器仪表制造业主要产品产量有所下降，营业收入呈下滑态势。2017 年我国仪器仪表制造业营业收入为 10323 亿元，2018 年为 8977 亿元，2019 年为 8315 亿元。利润总额也相应下降，2017 年我国仪器仪表制造业利润总额为 986 亿元，2018 年为 927 亿元，2019 年为 858 亿元。

2018 年 3 月 28 日，国务院召开常务会议，确定深化增值税改革的措施，进一步减轻市场主体税负，支持制造业、小微企业等实体经济发展。其中，制造业等行业增值税税率从 17% 降至 16%（从 2018 年 5 月 1 日起正式实施），仪器仪表制造业迎来重大利好。

增值税主要是对物品在生产流通过程中增值的部分征税，过高的增值税税率不利于企业发展和创新，此次增值税减税，将直接利好制造业企业，特别是制造与科技创新企业。对仪器仪表制造业而言，增值税减税无疑是一个重大利好消息，此举将在很大程度上减轻仪器仪表制造业企业资金压力，激励仪器仪表制造业企业增加研

表 4－28　2009—2019 年我国仪器仪表制造业“两税”数据　单位：万元

年度	2009*	2010*	2011*	2012	2013	2014	2015	2016	2017	2018	2019
企业所得税	312906	434818	545790	501559	504637	593716	624354	660582	712225	776402	780882
增值税	1079069	1066553	1222532	1212105	1351975	1500169	1518497	1480482	1864574	1756559	1975364

数据来源：《中国税务年鉴》（2009—2019）。

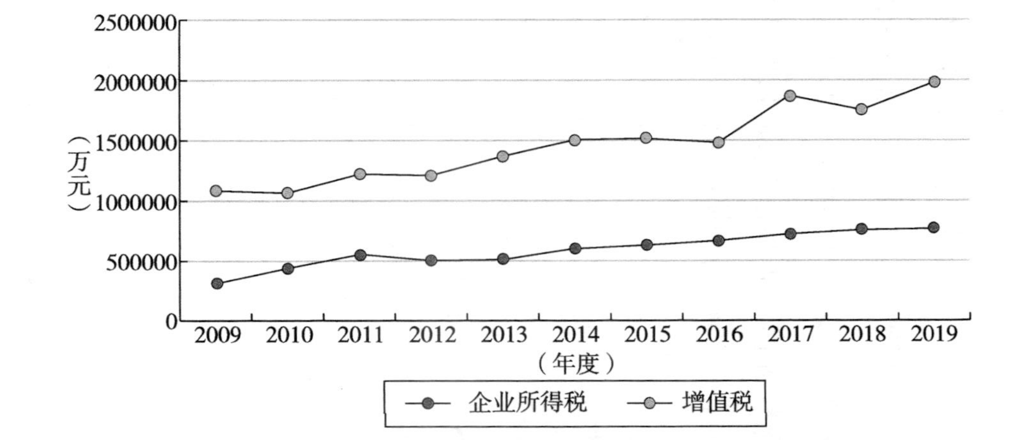

图 4－29　2009—2019 年我国仪器仪表制造业“两税”轨迹

注：标＊年份统计的是仪表仪器及文化、办公用机械制造业数据。

数据来源：根据表 4－28 数据制图。

发投入，从而推动我国仪器仪表制造业发展。

仪器仪表制造业是我国长期重点支持发展的产业，近年来我国政府及相关部门相继出台了一系列促进该行业发展的产业政策：

（1）2013 年，工业和信息化部、科技部、财政部、国家标准化管理委员会组织制定了《加快推进传感器产品及智能化仪器仪表产业发展行动计划》，行动计划实施期为 2013—2025 年，总体目标为传感器及智能化仪器仪表产业整体水平跨入世界先进行列，产业形态实现由“生产型制造”向“服务型制造”的转变，涉及国防和重点产业安全、重大工程所需的传感器及智能化仪器仪表实现自主制造和自主可控，高端产品和服务市场占有率提高到 50% 以上。

（2）2016 年发布的《国家发展改革委　工业和信息化部关于实施制造业升级改造重大工程包的通知》，将传感器及仪器仪表智能化升级工程列为重大工程，重点发展流程工业用温度、压力、流量、物位以及成分分析等高端传感器、变送器、智能仪器仪表和控制系统，离散工业用磁、光、电以及多参数复合传感器和质量检测系统。

（3）2017 年科技部组织制定《“十三五”先进制造技术领域科技创新专项规划》，其将高端智能测量仪表设计等列为“十三五”期间重点任务。

（4）《中国制造 2025》提出我国将加快发展智能制造装备和产品，突破新型传感器、智能测量仪表、工业控制系统、伺服电机及驱动器和减速器等智能核心装置，推进工程化和产业化。

另外，2016 年 9 月，第十二届全国人民代表大会常务委员会第二十二次会议决定批准了《中华人民共和国加入世界贸易组织关税减让表修正案》。据此，我国对从世界贸易组织成员方进口的200多项信息技术产品逐步降低并最终取消关税。这些产品包括信息通信产品、半导体及其生产设备、视听产品、医疗器械、仪器仪表等，其中大多数产品的进口关税将在3年或5年的时间内降为零，少量产品的进口关税将在7年内降为零。虽然降低关税客观上会给国内仪器仪表制造业带来压力，但也会倒逼我国该行业相关企业加快转型升级速度、提质增效，不断提高自己的核心竞争力和可持续发展能力。

第五章　税费影响与企业行为的调研报告

——基于深圳、东莞地区电子企业的调研报告

一、调研背景和调研目标

在教育部课题《中国降低制造业税负的路径选择：三类关键税费的作用机理与企业行为调查研究》经费的支持下，课题组的调研目标是调查三类税费对制造业企业行为的影响。课题组希望通过调研了解制造业企业税费负担的真实情况：增值税、企业所得税和社会保障税是否对我国制造业企业的经营策略和发展战略有重大影响？是否会对我国制造业企业竞争力造成根本威胁？

由于经费有限，我们只能将调研范围限定在一个具体的制造业细分行业，在门类众多的制造业细分行业中，我们选取了电子行业这个在我国制造业中具有举足轻重地位的行业。我们的调研从两个方面展开：一方面，对一些企业发放调查问卷，我们共发放了350份调查问卷，收回116份，收回比例不高的原因是调研的内容与税费相关，一般企业认为比较敏感，因此对此存在顾虑，但

在我们积极解释并承诺为企业保密后，有约 1/3 的企业配合调查。当然，不排除有些企业因为种种顾虑，难以严肃对待问卷调查，这客观上会影响问卷质量。另一方面，我们对个别企业进行了深度访谈，通过中间人的介绍，我们成功访谈了 4 家企业的总经理或财务负责人，由于中间人的关系，双方信任度较高，访谈效果很好，通过对比访谈信息与调查问卷汇总得到的信息，我们得到了基本的调研结论。

在调研过程中，我们发现人力成本是许多企业最为关心的要素。因此我们努力获取了深圳某人力资源有限公司三年（2018 年 6 月 1 日—2021 年 6 月 1 日）的招聘数据，通过这些数据，可以了解这三年深圳、东莞地区电子企业人力成本的变化趋势。这种趋势与相关企业的调查问卷、访谈相结合，可以比较全面地解析相关税费对企业行为的影响。需要说明的是，对于人力成本的调查最初并不在我们的调查计划中，在访谈中了解到其重要意义后我们才将其纳入调查内容。由被调查企业的反馈可以看出，企业之所以最为关注人力成本，是因为它不仅作为一项成本影响着企业所得税税负，也对社会保障税造成直接影响，而这两部分税费几乎是被调研企业最为关注的核心税费。

二、深圳和东莞地区电子企业问卷调查分析

（一）基本信息调查

1. 调查对象的性别

基本信息调查——性别的调查结果如图 5 – 1 所示。

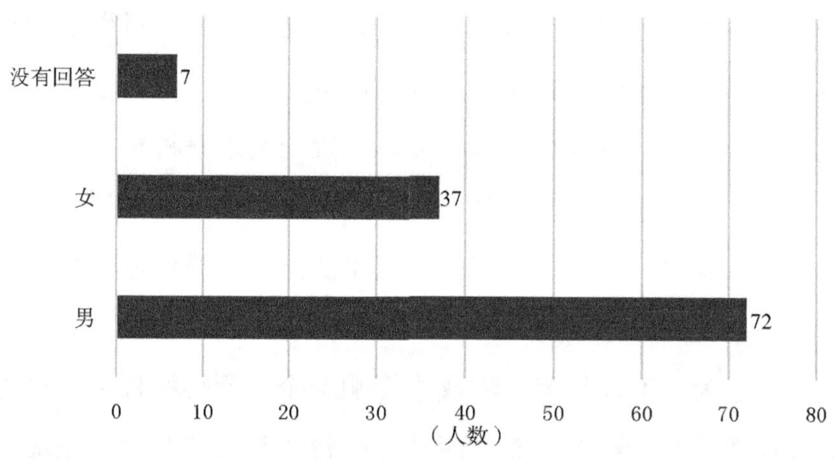

图 5 – 1 基本信息调查——性别的调查结果

分析：总体来看，在调查问卷回答者中，男性多于女性，这有两种可能：一种可能是在制造业企业总经理或财务负责人中男性多于女性；另一种可能是总体调查对象中女性更多但积极配合调查的男性更多。

2. 调查对象企业所在行业

基本信息调查——企业所在行业的调查结果如图 5 －2 所示。

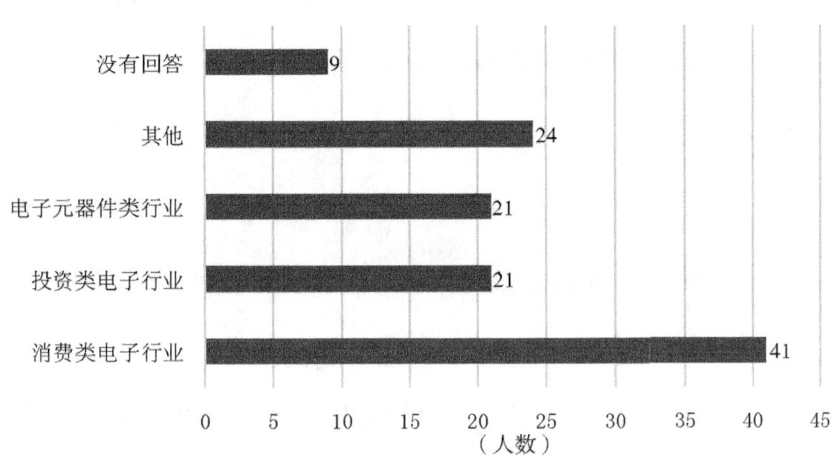

图 5 －2　基本信息调查——企业所在行业的调查结果

分析：对于行业分类，需要说明的是，本调查为避免专业的、更细化的分类给调查对象带来信息读取困难，便按照人们易于理解的方式进行了分类。总体来看，来自消费类电子行业的调查对象最多，也有来自一些企业的调查对象可能不清楚自己企业所在的行业，因此把自己企业归入其他类别。

3. 调查对象所在企业的人员规模

基本信息调查——企业人员规模的调查结果如图 5 －3 所示。

分析：从调查对象所在企业的人员规模来看，大多数企业的员工人数都在 100 人到 1000 人之间，100 人以下和 1000 人以上的企业

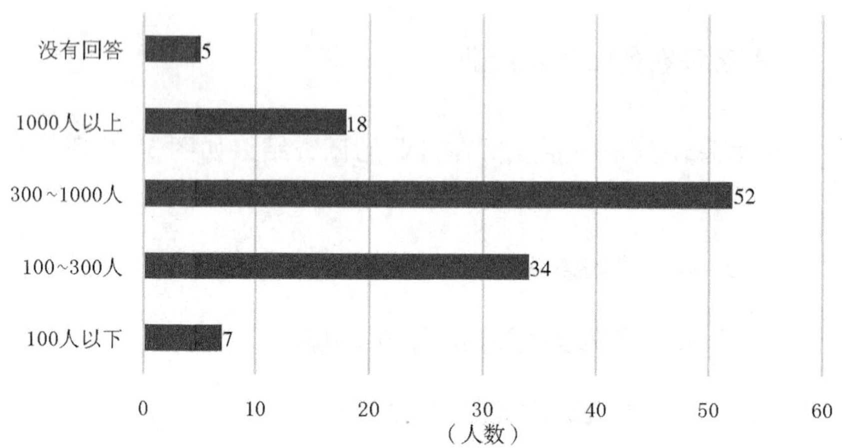

图5－3　基本信息调查——企业人员规模的调查结果

占比不高。这或许能在一定程度上说明我国大多数电子企业都是中小型企业，这些企业已经有了一定的规模优势，但规模并不是很大。这些企业人员流动性很高，很多企业以外包订单为主，员工人数太多可能会使企业的人力成本过高，进而影响企业竞争力。

4. 调查对象所在企业的年应纳税所得额

基本信息调查——企业年应纳税所得额调查结果如图5－4所示。

分析：我国现行小微企业的界定标准是，工业企业同时满足资产总额5000万元以下（含），从业人数在300人以下（含），年应纳税所得额不超过300万元的条件。如果不考虑应税所得，调查对象所在企业，40%左右可归入小微企业范畴，可见小微企业将近占了我国电子企业总数的“半壁江山”。

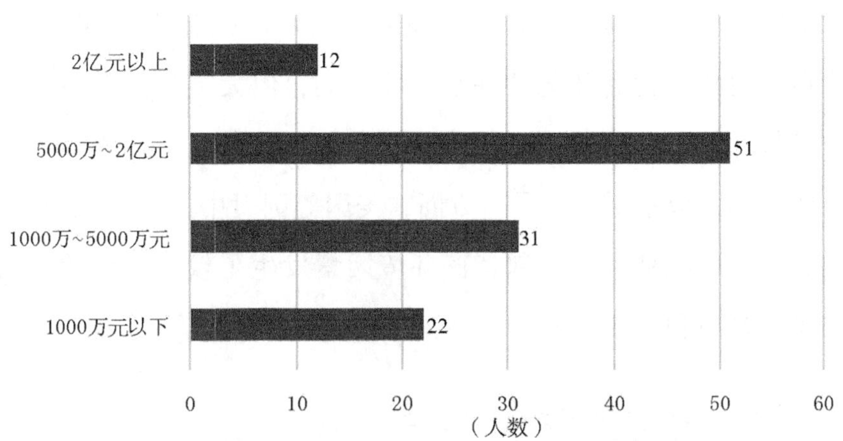

图5-4 基本信息调查——企业年应纳税所得额调查结果

（二）营商环境调查

1. 外部营商环境的变化

营商环境调查——外部营商环境调查结果如图5-5所示。

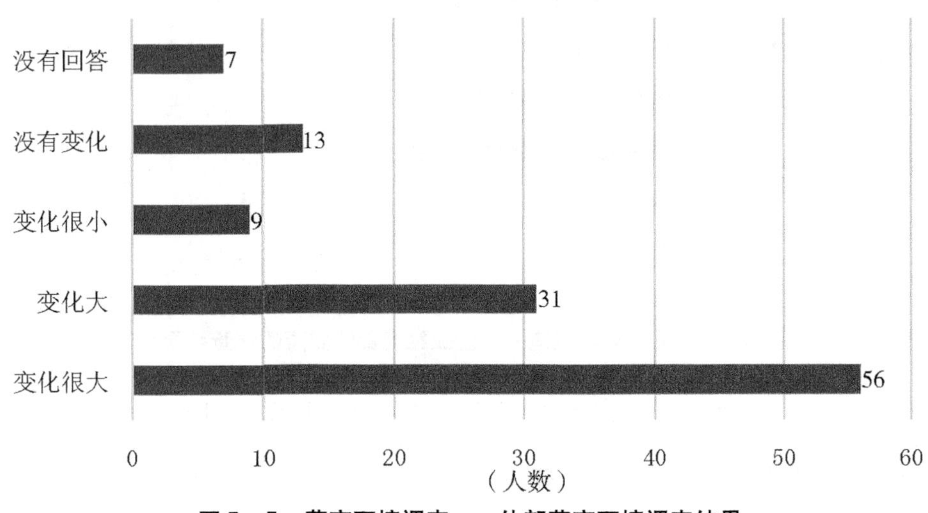

图5-5 营商环境调查——外部营商环境调查结果

分析：大多数调查对象认为外部营商环境变化大或变化很大。每个调查对象对营商环境的理解可能不同，但大多数人一般会将营商环境好坏等同于获取利润的难易程度。过去几年，一方面，房租成本和劳动力成本增加，另一方面，美国等国对中国商品加征关税，这些因素都可能被视为外部营商环境因素发生了较大的变化，而且整体来看是不利的变化。

2. 受到哪些因素的影响（多选）

营商环境调查——企业经营影响因素的调查结果如图 5－6 所示。

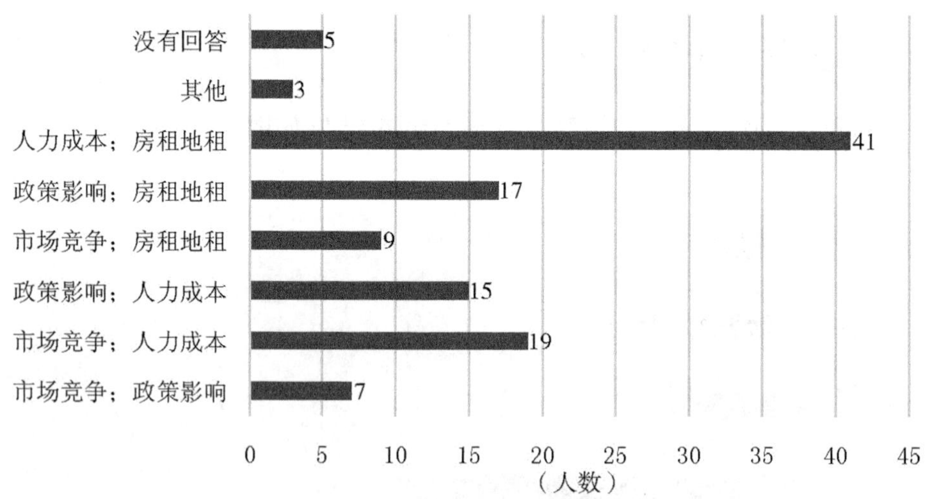

图 5－6　营商环境调查——企业经营影响因素的调查结果

分析：人力成本和房租地租这两项被 41 个调查对象选择，占所有调查对象的 1/3 以上，其他组合中，选择政策影响和人力成本组合的调查对象有 15 个，选择市场竞争和人力成本组合的调查对象为

19 个，这几个组合都包括人力成本，可见人力成本是企业经营最重要的影响因素，房租地租次之。

3. 企业是否有搬迁计划

企业搬迁计划调查结果如图 5 －7 所示。

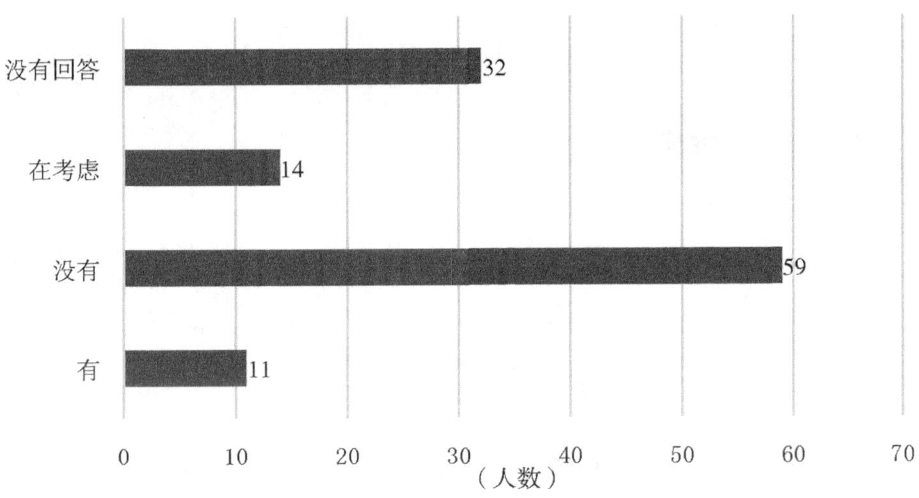

图 5 －7　企业搬迁计划调查结果

分析：在问卷的设计中，这可能是一个较为敏感的问题。很多企业可能并不想透露真实的想法，或者调查对象不了解或不能决定企业未来的计划。没有回答的调查对象有 32 个之多；明确回答没有搬迁计划的调查对象有 59 个，几乎占总体调查数量的一半；回答有搬迁计划和在考虑的调查对象共 25 个，约占总体的1/5，表明这些调查对象所在企业可能确实有搬迁计划。

4. 企业搬迁的目标地区

企业搬迁目标地区调查结果如图5－8所示。

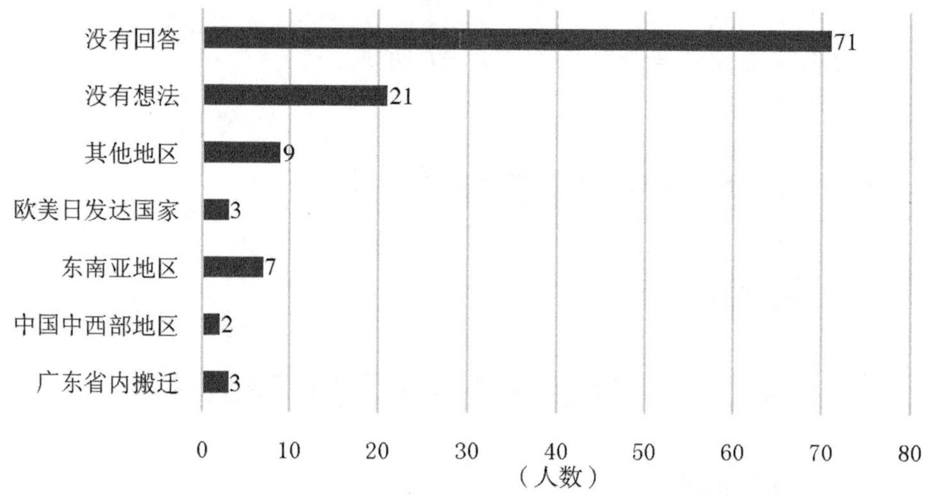

图5－8 企业搬迁目标地区调查结果

分析：这个问题可能涉及商业机密，所以绝大多数调查对象没有回答，也有21个调查对象选择“没有想法”，其他调查对象选择“其他地区”的最多，其次是“东南亚地区”。这整体说明中国电子企业仍然存在产业链优势，在国际上仍有相当强的竞争力，绝大多数调查对象所在企业没有搬离中国的计划。

（三）税费情况调查

1. 税费与企业发展战略

税费情况调查——税费对企业发展战略影响的调查结果如图

5－9 所示。

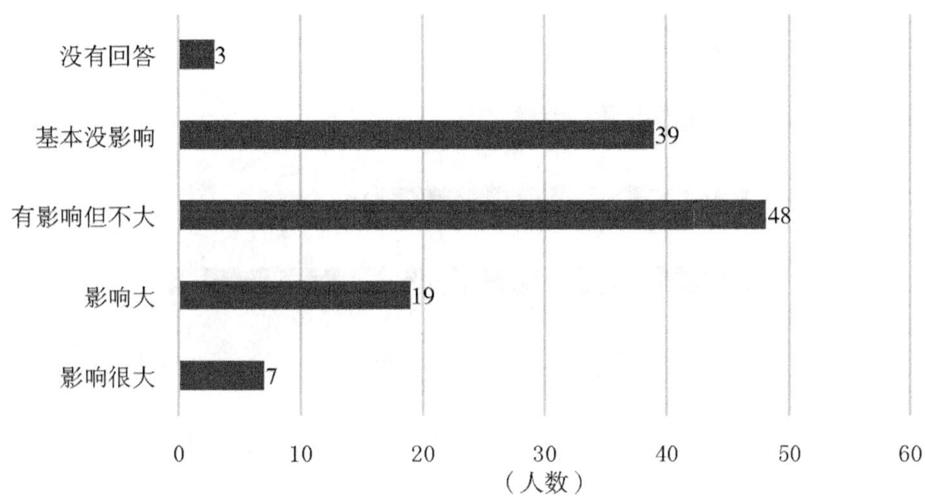

图5－9　税费情况调查——税费对企业发展战略影响的调查结果

分析：回答“影响大”和“影响很大”的调查对象总共有26人，约占总体调查数量的22%，比例虽然不是很高，但说明部分调查对象所在企业认为税费对企业的经营方向或经营选择有大的影响。认为“基本没影响”和“有影响但不大”的调查对象共有87人，占总体调查数量的75%，说明绝大多数调查对象所在企业并没有把税费提升到影响企业发展战略的高度，企业可能还是从经营视角考虑发展战略。

2. 税费与企业经营业绩

税费情况调查——税费对企业经营业绩影响的调查结果如图5－10所示。

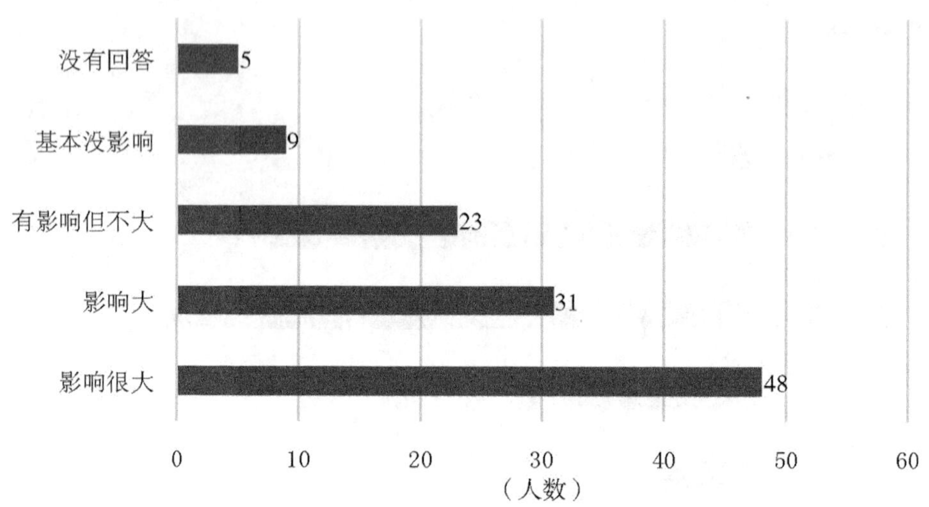

图 5－10 税费情况调查——税费对企业经营业绩影响的调查结果

分析：回答“影响大”和“影响很大”的调查对象总共达到了 79 人，约占总体调查人数的 68％，这说明大多数调查对象所在企业对企业税费还是很敏感的，而且深切意识到税费对于企业经营业绩的影响。回答“基本没影响”和“有影响但不大”的调查对象总共有 32 人，约为总体调查人数的 28％，这说明有相当比例的调查对象所在企业认为税费对企业业绩没有很大影响，或者这些企业已经将税费作为一项常规成本来看待，而没有将其视为一项负担或影响利润的重要因素。

3. 三项税费对企业的具体影响

税费情况调查——税费对企业的压力的调查结果如图 5－11 所示。

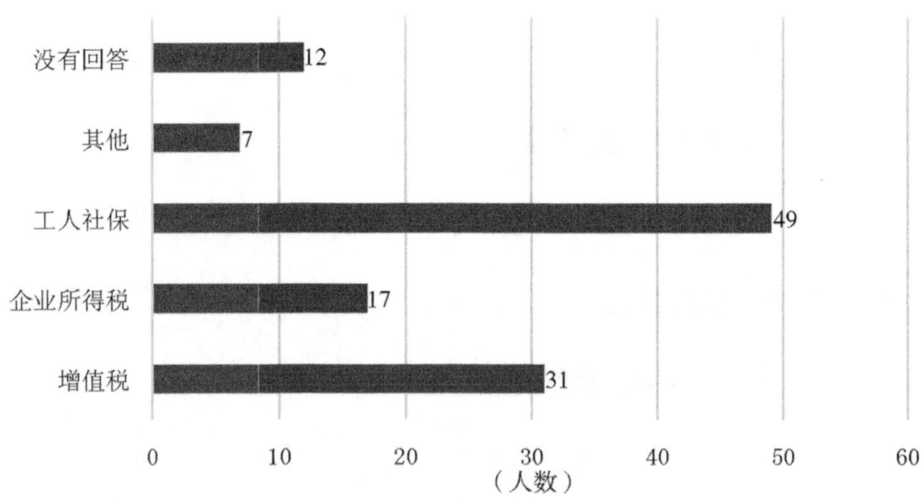

图 5－11　税费情况调查——税费对企业的压力的调查结果

分析：认为“工人社保”对企业造成的压力最大的调查对象人数最多，为 49 人，约占总体调查人数的 42%；认为“增值税”对企业造成的压力最大的调查对象人数第二多，为 31 人，约占总体调查人数的 27%；在该项调查中，选择“企业所得税”的有 17 人，约占总体调查人数的 15%。由此可以看出，调查对象所在企业对工人社保最为在乎，而且认为工人社保对企业造成很大压力，原因可能有两个方面，一方面是社保费占人工成本的比例较高，另一方面是很多企业将工人社保当作企业的一项额外成本。而将增值税排在企业所得税前面，可能的原因是增值税是企业很难规避的税项，而企业所得税更易规避。

4. 税费降低的空间

税费情况调查——税费下降空间调查结果如图 5－12 所示。

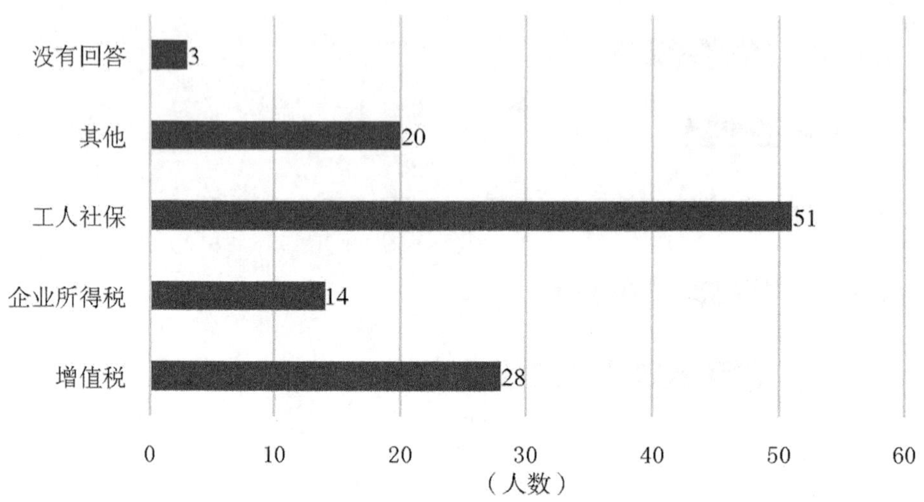

图5－12　税费情况调查——税费下降空间调查结果

分析：该问题的设计和上面的问题相呼应，但很多调查对象可能将其等同为一个问题，实际上二者的内涵是有差异的。从调查对象的选择来看，与上一问题基本相同，说明调查对象所在企业并没有从税费自身特点考虑哪一种税费下降的空间更大，而完全是从企业更在乎的视角去考虑的。

三、个别企业访谈内容提炼汇总

针对调查问卷中涉及的问题，我们对个别企业进行了访谈，基于企业的要求，这里不便披露企业的名称。对个别企业进行访谈，一方面是为了确认调查问卷问题，另一方面是希望获得一些新信息。访谈采用的是聊天的方式，虽然访谈紧紧围绕本课题研究的三项税费展开，但并没有设定正式的问题让访谈者回答。以下是对访谈内容的提炼汇总。

1. 电子企业当前的生存状态

根据公开资料，我国电子企业目前以代工业务为主，整体处于国际产业链的中低端，但因为存在“配套”优势，所以仍具有较强的竞争力。从访谈了解的信息来看，受访企业都认为自身的利润受外部市场的影响较大，中美贸易摩擦的确对受访企业造成了一定影响。其中，两个受访企业认为，自身对成本的控制力较差，不可控因素太多，因此只要成本发生波动，就会对利润产生很大影响；一个受访企业认为，如果没有出口退税，那企业将会失去绝大部分利润，因此国家的出口退税政策对企业的生存非常重要；所有受访企业都关心房租成本和人力成本的提升，特别是人力成本的不断增长对企业利润影响较大。

2. 电子企业对减税降费政策有“税感”

我国过去一直实施减税降费的优惠政策，增值税税率从17%一路下降到16%、13%，此外还发布了增量留抵退税的政策，这些政策的力度不可谓不大。被访谈企业中有两家是高新技术企业，一直享受15%的高新技术企业低税率。在企业所得税方面，国家针对小微企业的优惠政策不断出台，受访企业中只有一家属于小微企业，这家企业说确实感受到了国家对小微企业优惠力度的加强，企业税费负担确实在减轻。对于普遍性的减税降费政策，被访谈企业均表示感受十分明显，特别是社保费率的降低，让企业社保方面的支出减少了。被访谈企业也都明显感受到了增值税税率的下降，其中一个企业说现在企业经营已经非常正规化了，销售货物必须要开具增值税发票，增值税税率降低的确让其感觉负担减轻。

3. 房租成本不断上涨

国内多年来房价的大幅上涨是备受人们关注的，被访谈企业纷纷表示体会到了房租的上涨对企业带来的影响。被访谈企业的厂房设施均是租赁的，一般是签 3 年合同，合同到期后续签时房租的上涨让被访谈企业感受到很大的压力。被访谈企业中有一家从事 3D 打印模具的企业，其厂房本来设在深圳，但合同到期后房租上涨了 100 多万元，其被迫迁到东莞，然而，东莞的房租也在上涨，这使有的企业从东莞搬到更远的惠州，也有的企业去了东南亚国家。对于房租上涨，被访谈企业普遍感觉无奈，因为大的环境就是这样，国内的房价、地价都在上涨，但是由于企业本身利润不高，被访谈企业表示很难承受房租费用过快上涨带来的压力。

4. 招工难度越来越高

几家被访谈企业均反映近几年招工变难，以前工人还可以挑选，而现在大多数情况下都是“员工选自己”，以前一周就能完成的招聘，现在半个月都完不成，甚至时间更长。一个被访谈企业表示，可能的原因是很多年轻人更愿意从事其他更轻松的工作，不愿意进厂工作了，即使进厂的收入可能更高。其中一家被访谈企业表示，为了招聘员工，其专门在湖南的一些地区设立了“招聘专员”。参与访谈的每个企业均表示，在招聘旺季要给员工500元、1000元甚至更高的一次性进厂补贴，特别是春节放假前的一个月，为了留住员工，让员工尽量晚点回家过年，这一个月员工待遇一般比平时增加30%～50%。访谈中一个企业表示，为了吸引员工，专门建立了“夫妻房间”，以使务工夫妻能在自己企业安心工作。

5. 人工成本越来越高

与“招工难”相伴的是，近几年人工成本越来越高。几个被访谈企业都对这个问题谈得较多，而且认为高昂的人工成本让企业越来越难以承受，人工成本的越来越高，“侵蚀”了企业的利润，但是整个市场都如此，被访谈企业无奈地表示，如果自己企业不涨工资就招不到工人，而招不到工人就没法开工、及时完成订单。一个被访谈企业相关负责人表示，人工成本的越来越高有时会让自己产生将企业搬迁到东南亚地区的念头，因为东南亚地区的人工成本较低。当然，选择企业所在地时，企业也得考虑其他方面，不能只考虑人工成本，比如，人工成本低的国家或地区工人基础较差，对其进行上岗培训所耗时间太长等。

四、个别企业人工成本调研

针对调查问卷和被访谈企业普遍反映的人工成本上涨过快的问

题，我们通过有关渠道获得了深圳某人力资源有限公司三年（2018年6月1日—2021年6月1日）的招聘数据，在该人力资源有限公司的系统中，我们随机选取了11家在深圳地区招聘较为频繁的电子企业、10家在东莞地区招聘较为频繁的电子企业，以半年为一个时间观察点，观察各家企业这三年中的人力成本变化情况。需要说明的是，这些企业一般是按时薪招聘的，而且一般短期内（一个季度内）时薪变化不大，因此，我们每隔半年选一个时间观察点是较为合适的。我们选取的日期是每年的6月1日和12月30日，如果这两个日期被调查企业不招聘，那我们就选择离这两个时间点最近的招聘日期。

表5－1和图5－13是深圳11家电子企业三年招聘的时薪数据，表5－2和图5－14是东莞10家电子企业的相关数据。从图表数据来看，深圳和东莞被调查企业三年的招聘时薪大多在15～20元人民币的区间浮动，整体呈现出上升趋势。其中，2018年和2019年这两年时薪较为稳定，个别公司的人工成本甚至略有下降，但从2020年6月1日后，人工成本呈现上升趋势。这种上升趋势可能和新冠肺炎疫情因素有关，因为全世界只有我国很好地控制了疫情，企业拿到的订单量大幅增加，招聘需求的拉动，使得人工成本上升。

表5－1　　深圳11家电子企业三年招聘的时薪数据　　单位：元

深圳电子企业	20180601	20181230	20190601	20191230	20200601	20201230	20210601
龙华富××	18	17	16	17	18	22	24
福永帝××	17	17	17	18	18	19	20
石岩创××	17	17	17	18	18	19	21

续　表

深圳电子企业	20180601	20181230	20190601	20191230	20200601	20201230	20210601
石岩欣××	18	16	18	15	16	20	19
中××	18	16	17	16	17	19	20
光明莱××	16	17	18	17	17	18	19
光明欣××	15	16	17	18	21	19	20
公明普××	17	16	17	18	20	21	22
松岗卓××	19	17	18	18	20	20	21
葵涌比××	17	17	17	18	18	19	20
宝龙比××	18	19	17	18	19	19	21

数据来源：深圳某人力资源有限公司。

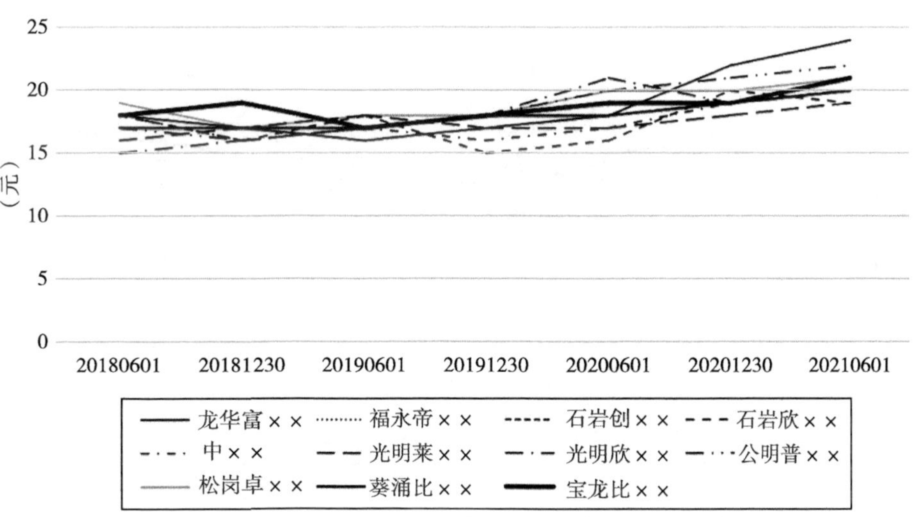

图5－13　深圳11家电子企业三年招聘时薪趋势

数据来源：根据表5－1数据制图。

表 5-2　东莞 10 家电子企业三年招聘时薪调查数据　　单位：元

东莞电子企业	20180601	20181230	20190601	20191230	20200601	20201230	20210601
富××	19	19	18	17	19	20	21
大岭山德××	18	18	18	19	20	21	21
伟××	16	17	17	18	19	19	21
蓝××	19	20	21	21	22	24	24
长××	18	17	17	18	19	20	21
大朗欣××	17	15	14	15	16	18	18
欧××	16	19	17	17	18	19	20
清溪立××	18	19	18	17	19	20	20
卡××	18	18	17	18	18	19	21
东××	17	16	17	16	17	19	20

数据来源：深圳某人力资源有限公司。

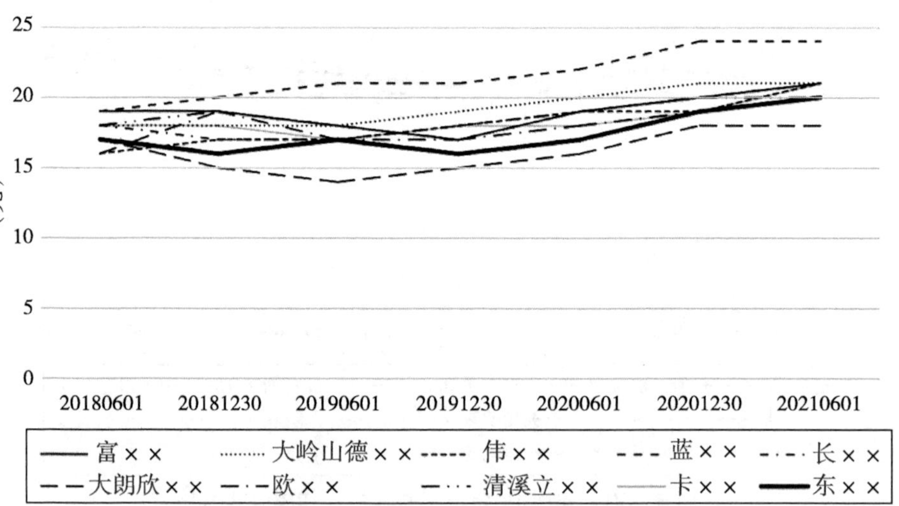

图 5-14　东莞 10 家电子企业三年招聘时薪趋势

数据来源：根据表 5-2 数据制图。

五、总结与建议

（一）调研总结

本次调研目标明确，调研过程围绕调研目标展开，得到了一些有价值的结论。

1. 中国制造业企业的营商环境发生了较大变化

在调研中我们发现，中国制造业企业的营商环境发生了较大变化，这种变化集中体现为各项成本费用的大幅上涨，这削弱了中国“世界工厂”的竞争力，对制造业企业发展造成一定阻碍。这种变化更多的是中国经济快速发展推动外部市场变化导致的，对制造业企业来说完全是被动的，它们只能去适应或调整。虽然本次调研仅仅针对电子企业展开，但这个问题并非只存在于电子企业，所有制造业企业应该都能感受到这种变化，因为营商环境变化的主要因素是人力成本、房租成本上涨，这对于所有制造业企业的发展来说都是重要的因素。

2. 税费因素尚未对制造业企业制订发展战略构成大的影响

对企业所得税、增值税和社会保障税这三项重要税费，制造业企业都十分关注。如果让制造业企业对这三项税费按关注度“从大到小”进行排序，结果可表述为社会保障税 > 增值税 > 企业所得税。这个结果让课题组感到意外，因为课题组一度认为企业最在乎的税种是企业所得税，毕竟企业所得税是直接税，是企业很难转嫁的税种。结合对个别企业的访谈，我们认为，对这个排序结果的初步解释可能是社会保障税被很多企业看作“额外费用”，而增值税是企业很难规避的税费，很多电子企业竞争力并不强，这决定了增值税很难转嫁出去，而企业所得税则可能有一定的规避方式。虽然这三项税费对企业的影响都很大，但调查发现，其并不是影响企业制订发展战略的首要因素。

3. 人力成本是制造业企业最为敏感的成本

从调研的电子企业情况来看，我国的电子行业仍然属于劳动密集型行业，因此，电子企业对人力成本最为敏感。无论是从调查问卷还是从个别企业访谈来看，企业普遍关注的是人力成本，社会保障税作为人力成本的一部分，也是企业很关注的一项费用。从课题组对一些企业人力成本变化的调查来看，被调查电子企业的招聘时薪的确呈现上涨态势，有一些企业涨幅较大。

（二）调研建议

1. 理顺制造业企业市场发展规律，构建更具竞争力营商环境

制造业对于保障中国经济持续增长十分重要，对于我国这样一

个人口规模庞大的国家来说，制造业吸纳劳动力就业的作用是具有战略意义的。美国在 20 世纪 70 年代末因为劳动力成本上升，大量制造业企业搬到劳动力成本更低的亚洲地区，我国当前面临着与美国当初类似的情况，但不同的是，我国目前仍然是发展中国家，而且我国的人口基数很大，制造业作为可吸纳大量就业人口的“蓄水池”，其相比服务业的优势是薪水相对更高且能保持一国的制造能力。因此，在当前产业升级的关键时期，我国不但应着重发展先进制造业，而且应当保持中低端劳动密集型制造业的竞争力。当然，经济发展自有其规律，中低端制造业迁往成本更低的地区的趋势是很难扭转的，但我国应尽量避免因外部因素的干扰而让大批中低端制造业过早迁离我国。尊重、理顺市场发展的规律性、自然性，是构建我国更具竞争力营商环境的关键。

2. 推出更具竞争力的税费政策

我国当前的税负主要由企业承担，从增值税、企业所得税和社会保障税三项核心税费来看，我国现在的增值税税率、企业所得税税率与其他国家相比并不高，但我国的社会保障税相较其他国家而言略高。我国增值税税率和企业所得税税率下降的空间已经不大，而且针对小微企业和先进制造业企业的政策优惠力度已经很大。在社会保障税方面，我国可以适当提高工人的社会保障税负担比例，以减轻企业负担。按照 2021 年年底广东省的社会保障税税率，广东省的企业负担的养老和医疗费用约占工人工资的 20% 左右，而据调查，日本和韩国企业这一比例一般为 14% 和 8% ，所以我国企业负担的社会保障税有一定的下降空间。

3. 构建立体化制造业企业人才培养体系

制造业企业的竞争力最终依靠的是人才，这些人才不仅包括生产流水线上从事机械劳动的效率较高的工人，也包括大量的电工、钳工、焊工等掌握先进技术的技工。我国当前推行了相关改革，逐步提高学生进入职业院校的比例。大学扩招培养了不少理论人才，但当前我国技能型人才需求量大却严重供给不足，所以目前我国在加大职业人才培养力度。另外，“蓝领”被认为是不如“白领”的职业，社会评价让很多人不愿意进厂当工人，建议国家通过分级考试、提高待遇、提升社会地位等方式改变人们“蓝领”不如“白领”的观念，消除人们对体力劳动者和职业技能工人的歧视，逐步构建立体化制造业企业人才培养体系。

参考文献

[1] 庞凤喜，牛力．论新一轮减税降费的直接目标及实现路径［J］．税务研究，2019（2）．

[2] 郭庆旺．减税降费的潜在财政影响与风险防范［J］．管理世界，2019，35（6）．

[3] 许建国，蒋晓蕙，蔡红英．西方税收思想［M］．北京：中国财政经济出版社，2016．

[4] 孙飞．西方税负理论评析与借鉴［J］．吉林省经济管理干部学院学报，2000（6）．

[5] 刘蓉，祖进元，王雯．供给学派理论对当前我国减税政策的启迪［J］．税务研究，2016（2）．

[6] 刘啟仁，黄建忠．企业税负如何影响资源配置效率［J］．世界经济，2018，41（1）．

[7] 季书涵，朱英明，张鑫．产业集聚对资源错配的改善效果研究［J］．中国工业经济，2016（6）．

[8] 付江峰．我国增值税改革问题探析［J］．税务研究，2015（11）．

[9] 刘娟．减税理论视域下制造业所得税基本结构的反思与重构［J］．理论月刊，2018（2）．

[10] 中国税务学会．中外税收发展史研究文集［M］．北京：中国税务出版社，2018.

[11] 克里斯·爱德华兹，丹尼尔·米切尔．全球税收革命：税收竞争的兴起及其反对者［M］．黄凯平，李得源，译．北京：中国发展出版社，2015.

[12] 王业斌，许雪芳．减税降费与经济高质量发展——来自小微企业的微观证据［J］．税务研究，2019（12）．

[13] 申广军，陈斌开，杨汝岱．减税能否提振中国经济？——基于中国增值税改革的实证研究［J］．经济研究，2016，51（11）．

[14] 《世界税制现状与趋势》课题组．世界税制现状与趋势（2019）［M］．北京：中国税务出版社，2020.

[15] 孙楚仁，田国强，章韬．最低工资标准与中国企业的出口行为［J］．经济研究，2013，48（2）．

[16] 张志勇．近期国际税收规则的演化——回顾、分析与展望［J］．国际税收，2020（1）．

[17] 李永友，严岑．服务业“营改增”能带动制造业升级吗？［J］．经济研究，2018，53（4）．

[18] 孙世强，尤绪超．中西方税收制度理论与实践比较［M］．北京：中国经济出版社，2017.

[19] 倪婷婷，王跃堂．增值税转型、集团控制与企业投资［J］．金融研究，2016（1）．

[20] 魏升民，向景．供给侧结构性改革背景下降低企业社保费负担的政策建议［J］．经济研究参考，2018（66）.

[21] 刘行，叶康涛．增值税税率对企业价值的影响：来自股票市场反应的证据［J］．管理世界，2018，34（11）.

[22] 何立峰．深化供给侧结构性改革　推动经济高质量发展［J］．宏观经济管理，2020（2）.

[23] 刘怡，侯思捷，耿纯．增值税还是企业所得税促进了固定资产投资——基于东北三省税收政策的研究［J］．财贸经济，2017，38（6）.

[24] 阳立高，谢锐，贺正楚，等．劳动力成本上升对制造业结构升级的影响研究——基于中国制造业细分行业数据的实证分析［J］．中国软科学，2014（12）.

[25] 聂辉华，方明月，李涛．增值税转型对企业行为和绩效的影响——以东北地区为例［J］．管理世界，2009（5）.

[26] 许伟，陈斌开．税收激励和企业投资——基于2004—2009年增值税转型的自然实验［J］．管理世界，2016（5）.

[27] 樊勇，李昊楠．对我国增值税改革减税效果的基本认识——兼议衡量增值税税负变动的口径［J］．税务研究，2019（7）.

[28] 刘磊，张永强．增值税减税政策对宏观经济的影响——基于可计算一般均衡模型的分析［J］．财政研究，2019（8）.

[29] 孙玉栋．我国税收负担的走势及其政策调整——兼评“税收痛苦指数”［J］．当代经济研究，2007（6）.

[30] 王曙光，孙慧玲，朱子男．中国制造业“死亡税率”的

测算与因应策略［J］. 财经问题研究，2019（1）.

［31］贾洪波. 降低社会保险费率与城镇职工基本医疗保险制度结构性改革［J］. 价格理论与实践，2019（3）.

［32］杨灿明. 减税降费：成效、问题与路径选择［J］. 财贸经济，2017，38（9）.

［33］张斌. 减税降费的理论维度、政策框架与现实选择［J］. 财政研究，2019（5）.

［34］YOUNG L，ROGER H G. Tax Structure and Economic Growth［J］. Journal of Public Economics，2005，89（5－6）.

［35］GARY P，PISANO，WILLY C S. Restoring American Competitiveness［J］. Harvard Business Review，2009，35（7）.

［36］ZHANG L，CHEN Y Y，HE Z Y. The Effect of Investment Tax Incentives：Evidence from China's Value－Added Tax Reform［J］. International Tax and Public Finance，2018（25）.

［37］LJUNGQVIST A，ZHANG L D，ZUO L. Sharing Risk with the Government：How Taxes Affect Corporate Risk Taking［J］. Journal of Accounting Research，2017，55（3）.

［38］ROMER C D，ROMER D H. The Macroeconomic Effects of Tax Changes：Estimates Based on a New Measure of Fiscal Shocks［J］. American Economic Review，2010，100（3）.

［39］ZOU J X，SHEN G J，GONG Y X. The effect of value－added tax on leverage：Evidence from China's value－added tax reform［J］. China Economic Review，2019（54）.

[40] YANG Y X, ZHANG H Y. The value – added tax reform and labor market outcomes: Firm – level evidence from China [J]. China Economic Review, 2021 (69).

[41] LIU Q, LU Y. Firm investment and exporting: Evidence from China's value – added tax reform [J]. Journal of International Economics, 2015, 97 (2).